# Os Versos Dourados de Pitágoras

*O livro é a porta que se abre para a realização do homem.*

Jair Lot Vieira

# Os Versos Dourados de Pitágoras

*Antoine Fabre-d'Olivet*

TRADUÇÃO E INTRODUÇÃO
**EDSON BINI**
Estudou filosofia na Faculdade de Filosofia,
Letras e Ciências Humanas da USP.
É tradutor há mais de 40 anos.

Copyright da tradução e desta edição © 2017 by Edipro Edições Profissionais Ltda.

Todos os direitos reservados. Nenhuma parte deste livro poderá ser reproduzida ou transmitida de qualquer forma ou por quaisquer meios, eletrônicos ou mecânicos, incluindo fotocópia, gravação ou qualquer sistema de armazenamento e recuperação de informações, sem permissão por escrito do editor.

Grafia conforme o novo Acordo Ortográfico da Língua Portuguesa.

1ª edição, 2ª reimpressão 2024.

**Editores:** Jair Lot Vieira e Maíra Lot Vieira Micales
**Coordenação editorial:** Fernanda Godoy Tarcinalli
**Tradução e introdução:** Edson Bini
**Editoração:** Alexandre Rudyard Benevides
**Revisão:** Beatriz Rodrigues de Lima
**Revisão do grego:** Lilian Sais
**Arte:** Karine Moreto Massoca
**Imagem de capa:** Renderização 3D do plano de fundo de triângulos dourados (icestylecg / Shutterstock)

Dados Internacionais de Catalogação na Publicação (CIP)
(Câmara Brasileira do Livro, SP, Brasil)

---

Fabre-d'Olivet, Antoine
   Os versos dourados de Pitágoras / Antoine Fabre-d'Olivet ; tradução e introdução Edson Bini. – São Paulo : Edipro, 2017.

   Título original: Les vers dorés de Pythagore.

   ISBN 978-85-7283-996-9

   1. Pitágoras. Versos dourados - Crítica e interpretação 2. Pitagorismo I. Bini, Edson. II. Título.

17-01258                                                    CDD-182.2

Índice para catálogo sistemático:
1. Pitagorismo : Filosofia : 182.2

São Paulo: (11) 3107-7050 • Bauru: (14) 3234-4121
www.edipro.com.br • edipro@edipro.com.br
@editoraedipro  @editoraedipro

# SUMÁRIO

ALGUMAS CONSIDERAÇÕES DO TRADUTOR ......... 7
INTRODUÇÃO ................................................................. 11

ΤΑ ΤΩΝ ΠΥΘΑΓΟΡΕΙΩΝ ΕΠΗ ΤΑ ΧΡΥΣΑ ..................... 17
*OS VERSOS DOURADOS DOS PITAGÓRICOS* ......... 23
ANÁLISE DOS *VERSOS DOURADOS* –
EXPLICAÇÕES E DESENVOLVIMENTOS ............... 29
    [1] .................................................................................. 31
  Preparação ............................................................... 35
    [2] .................................................................................. 35
    [3] .................................................................................. 39
  Purificação ............................................................... 45
    [4] .................................................................................. 45
    [5] .................................................................................. 48
    [6] .................................................................................. 51
    [7] .................................................................................. 56
    [8] .................................................................................. 66
    [9] .................................................................................. 67
    [10] ................................................................................ 68
    [11] ................................................................................ 68
    [12] ................................................................................ 71
    [13] ................................................................................ 77

| | |
|---|---|
| [14] | 80 |
| [15] | 84 |
| [16] | 85 |
| [17] | 90 |
| [18] | 95 |
| [19] | 96 |
| [20] | 96 |
| [21] | 98 |

Perfeição ............ 101

| | |
|---|---|
| [22] | 101 |
| [23] | 108 |
| [24] | 117 |
| [25] | 126 |
| [26] | 131 |
| [27] | 139 |
| [28] | 147 |
| [29] | 149 |
| [30] | 150 |
| [31] | 155 |
| [32] | 156 |
| [33] | 159 |
| [34] | 165 |
| [35] | 166 |
| [36] | 170 |
| [37] | 172 |

# ALGUMAS CONSIDERAÇÕES DO TRADUTOR

Antoine Fabre-d'Olivet traduziu *Os Versos Dourados de Pitágoras* transferindo-os para o francês em versos eumólpicos, tarefa empreendida brilhantemente pelo grande filólogo europeu da modernidade, alguém que, dotado de pleno domínio do grego antigo, de agudo espírito crítico, de vasta erudição no campo do ocultismo, da história das religiões e da filosofia, além de esteta consumado, se revelou intelectual sumamente apto para essa dificílima e delicadíssima incumbência.

No que nos diz respeito, igualmente com referência aos *Versos* e ao texto explicativo do autor, limitamo-nos modestamente a traduzir do francês para o português na vizinhança da literalidade, algo permitido tanto pelo estilo fluente do autor quanto pelo idioma de Molière, língua-irmã daquela de Bilac.

Quanto ao texto em grego dos versos estabelecido por Hiérocles, restringimo-nos a pouquíssimas interferências, cientes dos cuidados do autor e de nossas próprias limitações.

Com relação ao texto do autor, sentimo-nos mais à vontade para adicionar notas, cujo propósito, porém, é apenas informativo e ilustrativo. A leitura desta obra pressupõe, de fato, um conhecimento ao menos básico da história das religiões e do misticismo, bem como da filosofia, por parte do leitor, de forma a não incluirmos, ressalvadas algumas exceções, notas informativas ou elucidativas referentes a ideias e a grandes figuras da esfera religiosa ou mística, e mesmo daquela esotérica propriamente dita. Ademais, essa espécie de informação não está mais hoje na dependência exclusiva de volumosos e dispendiosos compêndios, e sim disponível tanto em bons *sites* da internet como em publicações simples e de preço módico.

Quanto ao mais, solicitamos ao leitor que expresse sua opinião, críticas e sugestões relativas a este trabalho, participação imprescindível que nos permitirá corrigi-lo e aprimorá-lo para a elaboração de edições futuras. De antemão, agradecemos.

# INTRODUÇÃO

Do prisma da história oficial, pouquíssimo sabemos a respeito de Pitágoras, que, embora tenha tido inúmeros discípulos, tanto diretos quanto indiretos e tardios (incluindo o próprio Platão), não só nada legou de registrado para a posteridade, de seu próprio punho (tal como Sócrates), como não teve sua personalidade e seu pensamento amplamente descritos e registrados por discípulos expressivos cuja obra haja chegado a nós (isso diferentemente de Sócrates e seu pensamento, que ao menos nos foram retratados por Platão, Antístenes e Xenofonte). *Os Versos Dourados de Pitágoras*, redigidos por seu discípulo Lísis, constituem, em rigor, o único escrito que contém os ensinamentos de Pitágoras, de forte teor ético.

Nascido em Samos (ilha jônica no mar Egeu) por volta de 582 a.C., Pitágoras deixou seu torrão natal por volta de 530 a.C. e instalou-se na longínqua Crotona, próspera cidade da Magna Grécia (Itália), onde fundou uma espécie (não sabemos ao certo) de confraria religiosa ou comunidade mística, ou seja, não propriamente uma escola nos moldes da Academia de Platão ou do Liceu de Aristóteles. Ele e seus discípulos viviam em conformidade com determinados princípios morais, religiosos ou místicos; esses princípios continham desde interdições de ordem alimentar até a diretriz para uma conduta que se coadunava com a crença na transmigração da alma, após a morte, para outros corpos (μετεμψύχωσις). Dedicavam-se, ademais, à busca do conhecimento (μάθημα), incorporando naturalmente o estudo das matemáticas (μαθήματα), a saber, a aritmética, a geometria, a astronomia e a música associada à aritmética.

Pitágoras morreu em torno de 507 a.C., mas seus ensinamentos disseminaram-se por toda a Grécia, por meio de seus muitos discípulos (como Hiérocles, Filolau de Crotona, Árquitas de Tarento e tantos outros). A própria abordagem do autor deste livro nos isenta de fazer aqui uma exposição do pensamento pitagórico.

Uma história extraoficial, que poderíamos chamar de "história velada" da humanidade, transmitida pelos chamados ocultistas (como Antoine Fabre-d'Olivet) traz-nos maiores luzes sobre Pitágoras. Fala-nos de um grande iniciado nos *mistérios* de Ísis e Osíris em Mênfis. Segundo Edouard Schuré, na sua alentada e consagradíssima obra *Les Grands Initiés*\* (1960, p. 328), a pítia do Oráculo de Delfos, dirigindo-se aos jovens futuros pais de Pitágoras que a haviam consultado, anunciou-lhes o nascimento de "um filho que seria do proveito de toda a humanidade em todas as épocas".

Schuré (1960, p. 328) nos relata também que Pitágoras, ainda jovem, já conferenciava "com os sacerdotes de Samos e com os sábios...", aos dezoito anos "recebera lições ministradas por Hermodamas de Samos e aos vinte, as ministradas por Ferécides em Siros, e inclusive conferenciara com Tales e Anaximandro em Mileto". O mesmo ilustre autor (1960, p. 333-4) nos informa que Pitágoras, já no Egito, após uma iniciação de *vinte e dois anos*, na qual se sucederam provas duríssimas e terríveis, alcançou a mais elevada posição no sacerdócio egípcio, ou seja, em nosso entendimento, de *iniciado* nos *mistérios* chegou ao grau máximo de *iniciador* nos *mistérios*, ιεροφάντης, expressão grega que significa literal e analiticamente "aquele que explica o sagrado".

Difícil para nós, no século XXI, ao menos no Ocidente – culturalmente herdeiros do racionalismo moderno, da compartimentação e especialização das ciências, do declínio das ciências humanas, da quase hegemonia das ciências exatas, e usuários do computador, da informática e de uma tecnologia maciça e eficientíssima –, compreendermos a personalidade e a trajetória de vida de um homem como Pitágoras. Esquecemos que no século VI a.C. aquilo que denominamos conhecimento era algo quantitativa e qualitativamente muito diverso do que é hoje, embora paradoxalmente tenha sido, de fato, o embrião de todo o nosso conhecimento ocidental contemporâneo.

---

\*. SCHURÉ, Edouard. *Les Grands Initiés*. Paris: Librairie Académique Perrin, 1960.

Exigimos hoje rótulos, títulos e classificações, e estes geralmente são mutuamente excludentes.

Afinal, quem era, ou melhor, o que era Pitágoras? Um sábio, um filósofo, um matemático, um sacerdote, um místico, um mago!? – e as rotulações vão se multiplicando...

Ou, se ele era uma coisa e outra, como compatibilizar o astrônomo com o astrólogo, o geômetra com o mago, o físico com o teólogo, o aritmético com o vidente, e assim por diante?

Ora, no século VI a.C. o espectro do conhecimento era mínimo (atualmente é imenso). Ademais, os saberes não eram especializados, e conviviam harmoniosamente. O que chamamos muito heterogeneamente de ciências ou de ramos e sub-ramos do conhecimento, de religiões e de filosofias, achavam-se no mesmo balaio. Nas escolas de mistérios do antigo Egito (verdadeiro berço da civilização ocidental, mas precariamente conhecido por nós, do qual os gregos antigos se tornaram excelentes herdeiros, veículos e sucessores) ensinava-se igualmente aos iniciados ou eleitos a geometria e a magia, a física e a teologia, a engenharia e a divinação. Havia médicos que eram sacerdotes e sacerdotes que eram médicos. Na "escola da vida" aprendia-se medicina para a manutenção da vida do corpo, enquanto na outra ala, na "escola da morte", aprendia-se a arte do embalsamamento e do preparo para a vida após a morte uma vez cessada a vida do corpo.

Assim já era muito antes do tempo de Pitágoras.

Dissemos que o espectro do conhecimento de então era mínimo. É provável que tenhamos nos expressado mal, já que muito daquele conhecimento não chegou a nós ou se perdeu... De qualquer modo, tudo que era passível de se conhecer para Pitágoras era μάθημα, como cerca de dois séculos depois para Aristóteles (o primeiro a sistematizar o conhecimento ocidental) era φιλοσοφία...

Na virada do século XVIII para o século XIX, entretanto, não foi difícil para Fabre-d'Olivet atinar com a importância do legado atemporal contido em *Os Versos Dourados de Pitágoras* e empenhar-se na sua elucidação. Teve ele, porém, que sustentar um embate direto com o racionalismo, seja contra o iluminismo e o ceticismo dos franceses (e ele combate especialmente Bayle), seja contra o criticismo de Kant e seus seguidores.

E não é fácil classificar esta obra: ocultismo, história da religião, filosofia, literatura devocional, misticismo, esoterismo?!... Em consonância com o que já dissemos, talvez a síntese de tudo isso e mais ainda. Mas isso não importa. O que importa é ser este livro um daqueles tantos que, como a *Ilíada* e a *Odisseia* de Homero, o *Dom Quixote* de Cervantes, a *República* de Platão e o *Dogma e Ritual de Alta Magia* de Eliphas Lévi, citando apenas alguns que me ocorrem neste momento, são imorredouros. Obras que, imortalizando seus autores, resistem e resistirão ao repto do tempo!

*Edson Bini*
Estudou filosofia na Faculdade de Filosofia,
Letras e Ciências Humanas da USP.
É tradutor há mais de 40 anos.

# ΤΑ ΤΩΝ ΠΥΘΑΓΟΡΕΙΩΝ ΕΠΗ ΤΑ ΧΡΥΣΑ

ΠΑΡΑΣΚΕΥΗ
Ἀθανάτους μὲν πρῶτα θεούς, νόμῳ ὡς διάκεινται,
Τίμα καὶ σέβου ὅρκον· ἔπειθ' ἥρωας ἀγαυούς.
Τοὺς τε κατα χθονίους σέβε δαίμονας, ἔννομα ῥέζων.

ΚΑΘΑΡΣΙΣ
Τοὺς τε γονεῖς τίμα, τούς τ'ἄγχιστ' ἐχγεγαῶτας.
Τῶν δ' ἄλλων ἀρετῇ ποιεῦ φίλον ὅστις ἄριστος.
Πραέσι δ' εἶκε λόγοις, ἔργοισί τ' επωφελίμοισι.
Μηδ' ἔχθαιρε φίλον σὸν ἁμαρτάδος εἵνεκα μικρῆς,
Ὄφρα δύνῃ· δύναμις γὰρ ἀνάγκης ἐγγύθι ναίει.
Ταῦτα μὲν οὕτως ἴσθι. κρατεῖν δ'εἰθίζεο τῶνδε·
Γαστρὸς μὲν πρώτιστα, καὶ ὕπνου, λαγνείης τε,
Καὶ θυμοῦ. Πρήξεις δ'αἰσχρὸν ποτε μήτε μετ' ἄλλου,
Μήτ' ἰδίῃ. Πάντων δὲ μάλιστα αἰσχύνεο σαυτόν.

Εἶτα δικαιοσύνην ἀσκεῖν ἔργῳ τε, λόγῳ τε.
Μηδ' ἀλογίστως σαυτὸν ἔχειν περὶ μηδὲν ἔθιζε·
Ἀλλὰ γνῶθι μὲν ὡς θανέειν πέπρωται ἄπασι.
Χρήματα δ'ἄλλοτε μὲν κτᾶσθαι φιλεῖ, ἄλλοτ' ὀλέσθαι.
Ὅσσα τε δαιμονίῃσι τύχαις βροτοὶ ἄλγε ἔχουσιν,
Ὧν ἂν μοῖραν ἔχῃς πρᾷος φέρε, μηδ' ἀγανάκτει.
Ἰᾶσθαι δὲ πρέπει καθόσον δύνῃ· ὧδε δὲ φράζευ.
Οὐ πάνυ τοῖς ἀγαθοῖς τουτῶν πολὺ μοῖρα δίδωσι.

Πολλοὶ δ᾽ ἀνθρώποισι λόγοι δειλοί τε, καὶ ἐσθλοὶ
Προσπίπτους, ὧν μήτ᾽ ἐκπλήσσεο, μήτ᾽ ἄρ᾽ ἐάσῃς
Εἴργεσθαι σαυτόν. Ψεῦδος δ᾽ ἤν πὲρ τι λέγηται,
Πράος εἶχ᾽· Ὃ δὲ τοι ἐρέω, ἐπὶ παντὶ τελείσθω.
Μηδεὶς μήτε λόγῳ σε παρείπῃ, μήτε τι ἔργῳ
Πρῆξαι, μηδ᾽ εἰπεῖν, ὅ τι τοὶ μὴ βέλτερον ἐστί.
Βουλεύου δὲ πρὸ ἔργου, ὅπως μὴ μωρὰ πέληται.
Δειλοῦ τοι πρήσσειν τε, λέγειν τ᾽ ἀνόητα πρὸς ἀνδρὸς.
Ἀλλὰ τάδ᾽ ἐκτελέειν, ἅ σε μὴ μετέπειτ᾽ ἀνιήσῃ.
Πρῆσσε δὲ μηδὲν τῶν μὴ ἐπίστασαι· ἀλλὰ διδάσκευ
Ὅσσα χρεὼν, καὶ τερπνότατον βίον ὧδε διάξεις.
Οὐδ᾽ ὑγιείης τῆς περὶ σῶμ᾽ ἀμέλειαν ἔχειν χρή.
Ἀλλὰ ποτοῦ τε μέτρον, καὶ σίτου, γυμνασίων τε
Ποιεῖσθαι. Μέτρον δὲ λέγω τόδ, ὅ μὴ σ᾽ ἀνιήσει.
Εἰθίζου δε δίαιταν ἔχειν καθάρειον, ἄθρυπτον.
Καὶ πεφύλαξό γε ταῦτα ποιεῖν, ὁπόσα φθόνον ἴσχει.
Μὴ δαπανᾶν παρὰ καιρὸν, ὁποῖα καλῶν ἀδαήμων.
Μηδ᾽ ἀνελεύθερος ἴσθι· μέτρον δ᾽ ἐπὶ πᾶσιν ἄριστον.
Πρῆσσε δὲ ταῦθ᾽, ἅ σε μὴ βλάψῃ· λόγισαι δὲ πρὸ ἔργου.

ΤΕΛΕΙΟΤΗΣ

Μηδ᾽ ὕπνον μαλακοῖσιν ἐπ᾽ ὄμμασι προσδέξασθαι,
Πρὶν τῶν ἡμερινῶν ἔργων τρὶς ἕκαστον ἐπελθεῖν·
Πῇ παρέβην; τί δ᾽ ἔρεξα; τί μοι δέον οὐκ ἐτελέσθη;
Ἀρξάμενος δ᾽ ἀπὸ πρώτου ἐπέξιθι· καὶ μετέπειτα
Δεινὰ μὲν ἐκπρήξας ἐπιπλήσσεο· χρηστὰ δὲ, τέρπου.
Ταῦτα πόνει· ταῦτ᾽ ἐκμελέτα· τούτων χρή ἐρᾶν σε.
Ταῦτά σε τῆς θείης ἀρετῆς εἰς ἴχνια θήσει.
Ναὶ μὰ τὸν ἡμετέρᾳ ψυχᾷ παραδόντα τετρακτὺν,
Παγὰν ἀενάου φύσεως. Ἀλλ᾽ ἔρχευ ἐπ᾽ ἔργον
Θεοῖσιν ἐπευξάμενος τελέσαι. Τούτων δὲ κρατήσας,
Γνώσῃ ἀθανάτων τε θεῶν, θνητῶν τ᾽ ἀνθρώτων
Σύστασιν, ᾗ τε ἕκαστα διέρχεται, ᾗ τε κρατεῖται.
Γνώσῃ δ᾽, ᾗ θέμις ἐστὶ, φύσιν περὶ παντὸς ὁμοίην.
Ὥστε σε μήτ᾽ ἄελπτ᾽ ἐλπίζειν, μήτε τι λήθειν.
Γνώσῃ δ᾽ ἀνθρώπους αὐθαίρετα πήματ᾽ ἔχοντας.

Τλήμονας, οἵ τ᾽ ἀγαθῶν πέλας ὄντων οὔτ᾽ ἐσορῶσιν.
Οὔτε κλύουσι· λύσιν δὲ κακῶν παῦροι συνίσασι.
Τοίη μοῖρα βροτῶν βλάπτει φρένας· οἱ δὲ κυλίνδροις
Ἄλλοτ᾽ ἐπ᾽ ἄλλα φέρονται ἀπείρονα πήματ᾽ ἔχοντες.
Λυγρὴ γὰρ συνοπαδὸς ἔρις βλάπτουσα λέληθε
Σύμφυτος· ἣν οὗ δεῖ προσάγειν, εἴκοντα δὲ φεύγειν.

Ζεῦ πάτερ, ἦ πολλῶν τε κακῶν λύσειας ἅπαντας.
Ἢ πᾶσιν δείξαις οἵῳ τῷ δαίμονι χρῶνται.
Ἀλλὰ σὺ θάρσει· ἐπεὶ θεῖον γένος ἐστὶ βροτοῖσιν,
Οἷς ἱερὰ προφέρουσα φύσις δείκνυσιν ἕκαστα.
Ὧν εἴ σοί τι μέτεστι, κρατήσεῖς ὧν σε κελεύω,
Ἐξακέσας, ψυχὴν δὲ πόνων ἀπὸ τῶν δὲ σαώσεις.
Ἀλλ᾽ εἴργου βρωτῶν, ὧν εἴπομεν, ἔν τε καθαρμοῖς,
Ἔν τε λύσει ψυχῆς κρίνων· καὶ φράζευ ἕκαστα,
Ἡνίοχον γνώμην στήσας καθύπερθεν ἀρίστην.
Ἢν δ᾽ ἀπολείψας σῶμα ἐς αἰθέρ᾽ ἐλεύθερον ἔλθῃς,
Ἔσσεαι ἀθάνατος θεὸς, ἄμβροτος, οὐκ ἔτι θνητός.

# OS VERSOS DOURADOS DOS PITAGÓRICOS[1]

PREPARAÇÃO
Presta aos deuses imortais o culto consagrado;
Preserva em seguida tua fé [2]: reverencia a memória
Dos heróis benfeitores, dos espíritos semideuses* [3].

PURIFICAÇÃO
Sê bom filho, irmão justo, esposo terno e bom pai [4],
Elege para teu amigo o amigo da virtude;
Cede a seus conselhos benevolentes, norteia-te por sua vida,
E por uma falta leve não o abandones jamais [5],
Se tu o puderes ao menos, pois uma lei severa

---

*. δαίμονας. A palavra δαίμων tem diversos significados e é de dificílima tradução para os idiomas modernos, inclusive para as línguas românicas sediadas no latim e no próprio grego antigo. O autor opta aqui, muito competentemente, por uma expressão composta, evitando o vicioso *démons* (demônios), conceito judaico-cristão (criaturas espirituais absoluta e necessariamente malignas que são agentes do mal) totalmente estranho à mitologia, religião e filosofia gregas. À parte os demais sentidos do vocábulo grego, o aqui empregado é, grosso modo, o de seres espirituais mais ou menos intermediários entre os *deuses* (θεοί) e os seres humanos; embora também possuindo atributos divinos, na hierarquia das divindades são inferiores aos deuses (pré-olímpicos, olímpicos, não olímpicos e nomeados), e a eles subordinados; são, em princípio, neutros do prisma do bem e do mal, não possuindo, portanto, uma natureza preestabelecida necessariamente benigna ou maligna. De resto, na ANÁLISE 3, o autor se ocupará do item envolvendo os *daimons*. (N.T.)

Une o poder à necessidade [6].
Cabe a ti, entretanto, combater e vencer
Tuas loucas paixões: aprende a domá-las [7].
Sê sóbrio, ativo e casto;* evita a cólera.
Pública ou privadamente jamais te permitas
Nenhuma vileza; e, sobretudo, respeita a ti mesmo [8].
Reflete antes de falar e agir.
Sê justo [9]. Lembra-te que um poder invencível
Determina nossa morte [10]; que os bens, as honras
De fácil aquisição são de fácil perda [11].
E quanto aos males que acarreta consigo o destino,
Avalia o que são: suporta-os e empenha-te,
Tanto quanto puderes em abrandar suas marcas:
Os deuses aos mais cruéis não entregaram os sábios [12].
Como a verdade, o erro tem seus amantes:
O filósofo aprova ou reprova com prudência;
E se o erro triunfa, ele se afasta; ele espera [13].
Escuta e grava bem em teu coração minhas palavras:
Fecha os olhos e tapa os ouvidos ante a prevenção;
Teme o exemplo alheio; pensa por ti mesmo [14]:
Consulta, delibera e escolhe livremente [15].
Deixa os insensatos agirem sem meta e sem causa.
Deves no presente contemplar o futuro [16].
O que desconheces não te dispõe a executar.
Instrui-te: tudo se ajusta à perseverança e ao tempo [17].
Cuida de tua saúde [18]: concede moderadamente
Ao corpo os alimentos, ao espírito o repouso [19].
Evita demasiados cuidados ou cuidados escassos, pois a inveja
A um e outro desses excessos liga-se igualmente [20].
Luxo e avareza têm consequências semelhantes.
É necessário escolher em tudo um meio justo e bom [21].

---

\*. Não propriamente no sentido de privado das relações sexuais, mas no de temperante, eroticamente autocontrolado, não *dissoluto* (λάγνος). Ver a ANÁLISE 8 do autor. (N.T.)

PERFEIÇÃO
Que jamais o sono cerre tuas pálpebras
Sem te perguntares: O que deixei de fazer? O que fiz? [22]
Se mal, abstém-te; se bem, persevera [23].
Pondera meus conselhos; ama-os; segue-os a todos:
Às divinas virtudes saberão conduzir-te [24].
Isto eu juro por aquele que gravou em nossos corações
A tétrada* sagrada, símbolo imenso e puro,
Fonte da natureza e paradigma dos deuses [25].
Mas que antes de tudo tua alma, a seu dever fiel,
Invoque com fervor esses deuses cujos auxílios
Com exclusividade podem findar as obras que começaste [26].
Instruído por eles, nada então a ti enganará:
Dos seres diferentes sondarás a essência;
Tu conhecerás do todo o princípio e o fim [27].
Tu saberás, se o Céu assim quiser, que a natureza,
Semelhante em todas as coisas é a mesma em todo lugar [28],
De modo que esclarecido acerca de teus direitos verdadeiros,
Teu coração de vãos desejos não mais fará o repasto [29].
Verás que os males que devoram os seres humanos
São o fruto de sua escolha [30]; e que esses infelizes
Buscam longe de si os bens de cuja fonte são portadores [31].
Poucos sabem ser felizes: joguetes das paixões,
Alternativamente sacudidos por vagas contrárias
Sobre um mar sem margens, eles rolam cegos,
Sem poder resistir nem ceder à tormenta [32].
Deus!** Vós os salvaríeis restituindo sua visão... [33]
Mas não: cabe aos seres humanos, cuja raça é divina,
Discernir o erro e ver a verdade [34].
A natureza lhes serve [35]. Tu que a penetraste,

---

*. τετρακτὺν: a τετρακτύς (nominativo singular) é, segundo a doutrina pitagórica, o elemento fundamental de que todas as coisas procedem; trata-se do número 10 ao qual se chega mediante à soma dos *quatro* números iniciais, ou seja, 1+2+3+4. (N.T.)

**. Ζεῦ πάτερ, literalmente *Zeus pai*. (N.T.)

Homem sábio, homem feliz, respira no porto.
Mas observa minhas leis abstendo-te das coisas
Que tua alma deve temer distinguindo-as bem;
Deixando sobre o corpo reinar a inteligência [36]:
Para que, elevando-te no éter radioso,
No seio dos imortais, tu mesmo sejas um deus [37].

# ANÁLISE DOS *VERSOS DOURADOS*
## EXPLICAÇÕES E DESENVOLVIMENTOS

# [1]
## OS VERSOS DOURADOS DOS PITAGÓRICOS

Os antigos costumavam comparar ao ouro tudo o que consideravam sem defeitos e belo por excelência: assim, entendiam por *Idade do ouro* a idade das virtudes e da felicidade, e pelos *Versos Dourados* os versos nos quais estava encerrada a mais pura das doutrinas.[1] Atribuíam constantemente esses versos a Pitágoras não porque acreditassem que esse filósofo os houvesse composto ele próprio, mas porque sabiam que aquele entre seus discípulos que era deles o autor neles havia exposto a exata doutrina de seu mestre, e criara todos com base nas máximas saídas de sua boca.[2] Esse discípulo, recomendável por suas luzes e, sobretudo, por seu apego aos preceitos de Pitágoras, chamava-se Lísis.[3] Após a morte desse filósofo\*, e quando seus inimigos, transitoriamente triunfantes, suscitaram em Crotona e em Mesaponto\*\* a terrível perseguição que custou a vida de um grande número de pitagóricos, esmagados sob os destroços de sua escola incendiada, ou forçados a morrer de fome no templo das Musas,[4] Lísis,

---

1. Hiérocles, *Comment. in Aurea carm. Prœm.*
2. Fabrício, *Bibl. græc.* p. 460. Dacier, *Remarques sur les Commentaires d'Hiéroclès.*
3. Jâmblico, *De Vita Pythag.* c. 30 e 33. Plutarco, *De Gen. Socrat.*
\*. A morte de Pitágoras de Samos ocorreu por volta de 480 a.C. (N.T.)
\*\*. Ou, preferivelmente, Metaponto (grego clássico: Μεταπόντιον). (N.T.)
4. Plutarco, *De Repug. stoïc.* Diógenes Laércio, L. VIII, par. 39. Políbio, L. II. Justino, L. XX, c. 4. Vóssio, *De Phil. sect.* c. 6.

que felizmente escapara desses desastres, refugiou-se na Grécia, onde, desejoso de expandir a seita de Pitágoras, cujos princípios eram então alvo de calúnia, julgou necessário redigir uma espécie de formulário que contivesse as bases da moral e as principais regras de conduta oferecidas por esse homem célebre. É a essa atitude generosa que devemos os versos filosóficos que tentei traduzir para o francês. Esses versos, chamados de dourados pela razão por mim indicada, contêm as opiniões de Pitágoras e são tudo que nos resta de verdadeiramente autêntico no que diz respeito a um dos maiores homens da antiguidade. Hiérocles, que os transmitiu a nós acompanhados de um comentário extenso e sábio, assegura que eles não contêm, como se poderia crer, a opinião de um indivíduo, mas a doutrina de todo o corpo sagrado dos pitagóricos, e como que o clamor de todas as assembleias.[5] Acrescenta que existia uma lei a ordenar que cada um, todas as manhãs ao se levantar, e todas as noites ao se deitar, lesse esses versos como os oráculos da Escola pitagórica. Constata-se, efetivamente, com base em muitas passagens de Cícero, Horácio, Sêneca e de outros escritores fidedignos, que essa lei era ainda pontualmente cumprida no tempo deles.[6] Sabemos graças ao testemunho de Galeno, em seu tratado sobre o conhecimento e a cura das enfermidades da alma, que ele próprio lia diariamente, de manhã e à noite, os versos de Pitágoras; e que após tê-los lido, recitava-os de cor. De resto, não quero deixar de dizer que Lísis, que é o autor deles, obteve tanta celebridade na Grécia que mereceu se tornar nela o mestre e amigo de Epaminondas.[7] Se não vinculou seu nome a essa obra é porque à época em que a escreveu subsistia ainda o antigo costume de considerar as coisas e não os indivíduos: era da doutrina de Pitágoras que alguém se ocupava, e não do talento de Lísis que a revelava. Os discípulos de um grande homem não dispunham de outro nome exceto o dele. Todas as obras desses discípulos eram a ele atribuídas. É bastante importante fazer essa observação, que explica como se supôs que Vyasa nas Índias, Hermes no Egito, Orfeu na Grécia foram os autores de tal profusão de livros que para a sua leitura não seria suficiente sequer a vida de vários homens.*

---

5. Hiérocles, *Aurea carm.*, v. 71.
6. Ver Dacier, *Remarques sur les Commentaires d'Hiéroclès*.
7. Plutarco, *De Gen. Socr.* Eliano. *Var. Hist.* L. II, c. 7.
*. Isso, de fato, se aplica a várias figuras célebres da antiguidade, inclusive, é claro, Platão e Aristóteles, envolvendo a questão moderna das obras suspeitas ou apócrifas. (N.T.)

Segui em minha tradução o texto grego tal como exposto no início do Comentário de Hiérocles, comentado pelo filho de Casaubon e interpretado em latim por J. Curterius, edição de Londres, 1673. Essa obra, como todas aquelas que nos restaram dos antigos, foi objeto de muitas discussões críticas e gramaticais; impôs-se, sobretudo, o dever de assegurar-se da parte material. Essa parte é hoje tão autêntica e tão correta quanto é possível que seja, e ainda que existam algumas variantes, são de demasiado pouca importância para justificar que nelas me detivesse. Esta não é minha tarefa e, ademais, cada um deve realizar a tarefa que lhe cabe. A do gramático foi realizada primeiramente; está encerrada ou deve ser encerrada. O meio de jamais encerrar algo é pretender recomeçar incessantemente a mesma coisa sem querer referi-la a ninguém de um primeiro trabalho. Não farei, portanto, notas críticas ao texto pois o tenho como suficientemente examinado; tampouco farei comentários propriamente ditos, pois penso ser suficiente dispor, em torno de setenta e um versos, daqueles de Hiérocles, Vitus Amerbachius, Théodore Marcilius, Henri Brem, Michel Neander, Jean Straselius, Guilhaume Diezius, Magnus-Daniel Omeïs, André Dacier etc. Farei, como o anuncio, análises de preferência a comentários, e darei no que respeita ao sentido profundo dos versos todas as explicações que julgarei úteis ao seu inteiro desenvolvimento.

# PREPARAÇÃO

[2]
Presta aos deuses imortais o culto consagrado;
Preserva em seguida tua fé:

Pitágoras, a quem um sábio moderno, a propósito sumamente estimável, expressou a reprovação bastante irrefletida de que era um homem fanático e supersticioso,[8] inicia seu ensinamento, entretanto, estabelecendo um princípio de tolerância universal. Recomenda a seus discípulos o acatamento do culto estabelecido pelas leis, não importa qual seja esse culto, e a veneração dos deuses de seus países, não importa quais sejam esses deuses, apenas lhes ordenando que em seguida preservem sua fé, isto é, que permaneçam intimamente fiéis a sua doutrina e não divulguem seus mistérios. Lísis, ao esboçar esse primeiro verso, nele encerrou destramente um sentido duplo. Recomendava, pelo primeiro sentido, como acabei de dizer, a tolerância e a reserva aos pitagóricos e, a exemplo dos sacerdotes do Egito, estabelecia duas doutrinas: uma ostensiva e vulgar, em conformidade com a lei; outra, misteriosa e secreta, análoga à fé.\* Pelo segundo sentido, ele tranquilizava os povos suscetíveis da Grécia que, conforme as calúnias correntes, teriam podido temer que a nova seita quisesse prejudicar a santidade de seus deuses. Essa tolerância, de uma parte, e essa reserva, de outra, não eram então o que seriam hoje. A religião cristã, exclusiva e severa, alterou todas nossas ideias com respeito a isso. Admitindo apenas uma só doutrina

---

8. Bacon, *Novum Organum. Af.* 65 e 71. [*Novo Órganon*, obra publicada em *Clássicos Edipro*. (N.E.)]

\*. Ou seja, uma doutrina exotérica e outra esotérica. (N.T.)

numa igreja única, essa religião necessariamente confundiu a tolerância com a indiferença ou a frieza, e a reserva com a heresia ou a hipocrisia; no espírito do politeísmo, contudo, essas mesmas coisas assumiam outra cor. Um filósofo cristão não poderia, sem atentar contra seu juramento e sem cometer uma horrenda impiedade, ajoelhar-se na China diante de Kong-Tse,* nem oferecer seu incenso a Chang-Ti ou a Tien; não poderia, nas Índias, prestar sua homenagem a Krishna, nem se apresentar em Benares como um adorador de Vishnu; não poderia sequer, ainda que reconhecendo o mesmo Deus dos judeus e dos muçulmanos, participar de suas cerimônias, nem, o que constitui muito mais, venerar esse Deus com os arianos, os luteranos ou os calvinistas, se for católico. Isso faz parte da própria essência de seu culto. Um filósofo pitagórico não reconhecia essas temíveis barreiras, as quais, por assim dizer, confinam as nações, isolam-nas e as tornam mais do que inimigas. Os deuses dos povos eram aos seus olhos os mesmos deuses, e seus dogmas cosmopolitas não condenavam ninguém à danação eterna. Ele podia de um extremo a outro da Terra fumar o incenso no altar da divindade de qualquer nome, sob qualquer forma que fosse adorada e prestar-lhe o culto público estabelecido pela lei. E eis aqui a razão disso. O politeísmo não era aos seus olhos o que se tornou aos nossos, ou uma idolatria ímpia e grosseira, ou um culto inspirado pelo adversário infernal para seduzir os seres humanos e atribuir a si as honras que só são devidas à Divindade: era uma particularização do Ser universal, uma personificação de seus atributos e de suas faculdades. Antes de Moisés, nenhum dos legisladores teocráticos pensara ser bom apresentar para a adoração do povo o Deus supremo, único e incriado em sua universalidade insondável. Os brâmanes indianos, que podem ser considerados como os modelos vivos de todos os sábios e de todos os pontífices do mundo, não se permitem mesmo hoje em que sua longa velhice apagou até os traços de sua antiga ciência, proferir o nome de Deus, princípio do Todo.[9] Contentam-se em meditar sua essência em silêncio e oferecer sacrifícios às suas mais sublimes emanações. Os sábios chineses têm comportamento idêntico no tocante à Causa primeira, a qual não se poderia nomear nem definir;[10] os

---

*. Confúcio. (N.T.)
9. *Asiat. Research,* t. III, p. 371 a 374.
10. *Mém. concern. les Chinois,* t. II, p. 26.

sectários de Zoroastro, que fazem emanar dessa causa inefável os dois princípios universais do bem e do mal, Ormuzd e Ahriman, contentam-se em designá-la com o nome de Eternidade.[11] Os egípcios, tão célebres por sua sabedoria, extensão de seus conhecimentos e a miríade de seus símbolos divinos, honravam pelo silêncio o Deus princípio e fonte de todas as coisas;[12] não falavam dele jamais, considerando-o como inacessível a todas as investigações humanas; e Orfeu, discípulo dos egípcios, primeiro autor da brilhante mitologia dos gregos, Orfeu,* que parecia anunciar a alma do mundo como criadora desse mesmo Deus do qual ela tinha emanado, dizia sem rodeios:

Não vejo esse Ser com uma nuvem ao seu redor.[13]

Moisés, como eu disse, foi o primeiro a construir um dogma público da unidade de Deus, e a divulgar o que até então fora sepultado na sombra dos santuários; com efeito, os principais dogmas dos mistérios, aqueles sobre os quais se apoiavam todos os outros, eram a unidade de Deus e a homogeneidade da natureza.[14] É verdade que Moisés, ao divulgá-lo, não se permitiu nenhuma definição, nenhuma reflexão nem sobre a essência, nem sobre a natureza desse Ser único, o que é bastante notável. Antes dele, em todo o mundo conhecido, e depois dele, exceto na Judeia, onde mais de uma nuvem ofuscava ainda a ideia da unidade divina, até o estabelecimento do cristianismo, a Divindade foi considerada pelos teósofos de todas as nações sob dois aspectos: primeiramente como única, em segundo lugar como infinita; como única reservada

---

11. *Eulma Esclam. Nota do Bun-Dehesh*, p. 344.
12. Porfírio, *De Antr. Nymph.*, p. 126.
*. Na mitologia grega, o extraordinário bardo trácio, nascido da musa Calíope e do mortal Eagro (ou do próprio deus olímpico Apolo). Seu canto e dedilhar da lira eram simplesmente irresistíveis, encantando seres humanos, deuses, animais e, dizem, "até as pedras". Mas o autor, cujo enfoque aqui é ocultista, alude a Orfeu como figura humana real que passou à história das religiões e do misticismo como iniciado nos mistérios egípcios e aquele que estabeleceu na Grécia antiga ritos iniciáticos que deram origem à chamada "religião órfica". (N.T.)
13. Αὐτόν δ' οὐχ ὁράω περὶ γὰρ νέφος ἐσηρίκται. Ver Dacier em suas *Remarques sur les Commentaires d'Hiéroclès*.
14. *Vita Pythag.* Fócio, *Cod* 259. Macróbio, *Somm. Scip.* L. I, c. 6, L. II, c. 12. Santo Agostinho. *De Civit. Dei*, L. IV, c. 9 e 11. Eusébio, *Præp. Evan.*, L. III, c. 9. Lactâncio, *De Fals. relig.* L. I, c. 6 e 7. Plotino, *Ennead. III*, L. II.

sob o sinete do segredo à contemplação, à meditação dos sábios; como infinita liberada à veneração e à invocação do povo. Ora, a unidade de Deus reside em sua essência, a qual o vulgo de maneira alguma jamais pode conceber nem conhecer: sua infinidade consiste em suas perfeições, suas faculdades, seus atributos, dos quais o vulgo, segundo a extensão de suas luzes, pode apreender algumas débeis emanações, e aproximá--las de si destacando-as da universalidade, isto é, particularizando-as e personificando-as. Eis a particularização e a personificação que constituem, tal como declarei, o politeísmo. A multidão de deuses que daí resulta é infinita como a própria Divindade de que se origina. Cada nação, cada povo, cada cidade, adota conforme sua vontade as faculdades divinas que melhor convêm ao seu caráter e às suas necessidades. Essas faculdades, representadas por simulacros, tornam-se tantos quantos deuses particulares, cuja diversidade de nomes também aumenta o número. Nada impõe limites a essa imensa teogonia, uma vez que a causa primeira da qual ela emana não os possui. O vulgo, arrastado pelos objetos que impressionam seus sentidos, pode tornar-se idólatra e ordinariamente é no que se torna; ele é capaz de distinguir, inclusive, esses objetos de sua adoração uns dos outros e crer que existe realmente um número de deuses correspondente ao número de estátuas. Mas o sábio, o filósofo e o mais simples letrado não caem nesse erro. Sabem com Plutarco que os lugares, os nomes diferentes não produzem os deuses diferentes; que os gregos e os bárbaros, as nações do norte e as do sul adoram a mesma Divindade;[15] eles reconduzem facilmente à unidade da essência essa infinidade dos atributos e, como fazem ainda hoje os respeitáveis remanescentes dos antigos samaneanos, os sacerdotes dos *burmans* (birmaneses), eles adoram Deus não importa qual seja o altar, o templo e o lugar onde se encontra.[16]

---

15. Plutarco, *De Isid.* e *Osirid.*, p. 377.
16. Os sacerdotes dos *burmans* (birmaneses), que chamamos de *rahans*, mas cujo nome genérico é *samana*, de onde para eles originou-se o nome samaneanos, que os antigos lhes concederam, levam o espírito de tolerância o mais longe possível. Visitam com a mesma devoção os pagodes, as mesquitas e as igrejas. Jamais os vemos se perseguirem, nem perseguirem aos outros por causa da religião. Os brâmanes, os muçulmanos, os cristãos ocupam cargos importantes entre eles, sem que com isso se escandalizem. Consideram todos os seres humanos como seus irmãos. (*Asiat. Research.* t. VI, p. 274-9.) Os brâmanes pensam do mesmo modo. Lê-se no *Bhagavad*

Eis o que faziam os discípulos de Pitágoras sob o mandamento de seu mestre; viam nos deuses das nações os atributos do Ser inefável que não lhes era permitido nomear. Aumentavam ostensivamente e sem qualquer repugnância o número desses atributos cuja causa infinita reconheciam; prestavam-lhes o culto consagrado pela lei e os reconduziam a todos secretamente à Unidade que era objeto de sua fé.

[3]
...reverencia a memória
Dos heróis benfeitores, dos espíritos semideuses.

Pitágoras considerava o universo como um Todo animado do qual as inteligências divinas, classificadas cada uma segundo suas perfeições na sua esfera própria, eram os membros.[17] Foi ele o primeiro a designar esse Todo pela palavra grega *kosmos* com o fito de exprimir a beleza, a ordem e a regularidade que nele imperam;[18] os latinos traduziram essa palavra por *mundus*, a partir da qual criamos a palavra francesa *monde*.* É da unidade considerada como princípio do mundo que deriva a palavra *universo* dada a mundo por nós. Pitágoras propunha a unidade como princípio de todas as coisas e dizia que dessa unidade saíra uma dualidade infinita.[19] A essência dessa unidade e a maneira em que a

---

*Gita* estas palavras extraordinárias: "Uma grande diversidade de cultos, semelhantes no seu fundo, porém que variam nas suas formas é manifestada pela vontade do Ser supremo. Há aqueles que seguem um culto, enquanto outros aderem a outro: todos esses adoradores são purificados de suas ofensas por seu culto particular... Deus é a dádiva de amor, Deus é a oferenda, Deus é o fogo do altar; é o próprio Deus que realiza o sacrifício, e Deus será obtido por aquele que faz de Deus o único objeto de suas obras". (*Leit. IV.*)

17. Hiérocles, *Aurea carm.* v. 1.
18. A palavra grega κόσμος exprime uma coisa colocada em ordem, arranjada de acordo com um princípio fixo e regular. Sua raiz primitiva está no fenício אוש (*aosh*), um Ser-princípio, *o fogo*. A palavra latina *mundus* traduz muito imperfeitamente o sentido do grego. Significa exatamente aquilo que se tornou limpo e sem nódoa por meio da água. Sua raiz próxima é *unda*, e sua raiz distante acha-se no fenício אזר (*aod*), uma emanação, um vapor, uma fonte. De acordo com essa etimologia, percebe-se que os gregos extraíram a ideia de ordem e de beleza do fogo, e os latinos da água.
*. Português: mundo. (N.T.)
19. Diógenes Laércio, L. VIII, par. 25. Plutarco, *De Decret. philos.* II, c. 6. Sexto Empírico, *Adv. Math.* X, par. 249. Estobeu, *Eccl. phys.* p. 468.

dualidade que dela emanava a ela era enfim reconduzida, eram os mistérios mais profundos de sua doutrina, os objetos sagrados da fé de seus discípulos, os pontos fundamentais cuja revelação era para eles proibida. Jamais se registrava sua explicação por escrito: contentava-se em ensiná-los oralmente aos que pareciam dignos de aprendê-los.[20] Quando se era obrigado, por força do encadeamento das ideias, a mencioná-los nos livros da seita, recorria-se a símbolos e algarismos, empregava-se a linguagem dos números; e esses livros, por mais obscuros que fossem, eram ainda ocultados com máximo cuidado. Evitava-se de todos os meios que caíssem nas mãos dos profanos.[21] Eu não poderia ingressar na discussão do famoso símbolo de Pitágoras *um, dois* sem ultrapassar em muito os limites que a mim prescrevi nestas análises;[22] que me baste dizer que, como ele designava Deus pelo 1 e a matéria pelo 2, exprimia o universo pelo número 12, que resulta da reunião dos dois outros. Esse número formava-se pela multiplicação de 3 por 4, isto é, esse filósofo concebia o mundo universal composto de três mundos particulares que, encadeando-se um ao outro mediante as quatro modificações elementares, desenvolviam-se em doze esferas concêntricas.[23] O Ser inefável que preenchia essas doze esferas sem estar preso por nenhuma era Deus. Pitágoras lhe conferia por alma a verdade e por corpo a luz.[24] As inteligências que povoavam os três mundos eram, primeiramente, os deuses imortais propriamente ditos; em segundo lugar, os heróis glorificados; em terceiro lugar, os demônios\* terrestres. Os deuses imortais, emanações diretas do Ser incriado, e manifestações de suas faculdades infinitas, eram assim nomeados porque não podiam morrer em relação à vida divina, isto é, não podiam jamais cair no

---

20. Plutarco *in Numa*.
21. Jâmblico, *Vita Pythag*. c. 28, 32 e 35.
22. ἕν, δύο. É o mesmo símbolo de Fo-Hi, tão célebre entre os chineses, expresso por uma linha contínua —— 1, e uma linha interrompida —— —— 2. Discorrerei mais extensivamente sobre esse assunto ao falar, como me proponho a fazer, sobre a música e sobre o que os antigos entendiam por linguagem dos números.
23. *Vita Pythag*. Fócio, *Bibl. Codex* 259.
24. *Vie de Pythag.*, autoria de Dacier.
\*. *Démons*: sobre esta palavra, atentar para a explicação dada no final deste parágrafo. (N.T.)

esquecimento de seu Pai, errar nas trevas da ignorância e da impiedade, ao passo que as almas dos seres humanos que produzem, segundo seu grau de pureza, os heróis glorificados e os demônios terrestres, podiam às vezes morrer em relação à vida divina devido ao seu distanciamento voluntário de Deus; com efeito, a morte da essência intelectual não era, segundo Pitágoras, nisso imitado por Platão, senão a ignorância e a impiedade.[25] É preciso observar que em minha tradução não traduzi a palavra grega *daimonus*[*] pela palavra demônios, mas sim pela palavra espíritos devido ao sentido negativo que o cristianismo vinculou à primeira dessas palavras, como já o expus numa nota precedente.[**]

Essa aplicação do número 12 ao universo não era uma invenção arbitrária de Pitágoras; era comum aos caldeus, aos egípcios, de quem a recebera, e aos principais povos da Terra:[26] dera lugar à instituição do zodíaco, cuja divisão em doze asterismos foi encontrada em toda parte, existente desde tempos imemoriais.[27] A distinção dos três mundos e seu desenvolvimento num número mais ou menos grande de esferas concêntricas, habitadas por inteligências de uma pureza diferente, eram igualmente conhecidos antes de Pitágoras, que nisso se limitou a disseminar a doutrina que recebera em Tiro, em Mênfis e na Babilônia.[28] Essa doutrina era a dos indianos. Encontra-se ainda hoje junto aos *burmans* (birmaneses) a divisão de todos os seres criados, estabelecida em três grandes classes, cada uma contendo um certo número de espécies,

---

25. Hiérocles, *Aurea carm.*, v. 1.
*. No contexto original de que traduziu o autor: δαίμονας, acusativo plural. (N.T.)
**. Não detectamos essa nota a que o autor se refere. De qualquer modo, ver nota do tradutor na p. 25. (N.T.)
26. Timeu de Locres, cap. 3. *Edit. de Batteux*. par. 8. Diodoro Sículo, L. II, p. 83. Heródoto, L. II, c. 4. Hyde: *De Relig. Vet. Pers.*, c. 19. Platão *in Timeu, Fédon, As Leis etc.* [Obras publicadas em *Clássicos Edipro*. (N.E.)]
27. Bailly, *Hist. de l'Astr. anc.* L. III, par. 10.
28. Pitágoras, quando bastante jovem, foi conduzido a Tiro por Mnesarco, seu pai, para aí estudar a doutrina dos fenícios. Visitou em seguida o Egito, a Arábia e dirigiu-se à Babilônia, onde residiu por doze anos. Foi na Babilônia que conferenciou frequentemente, em torno dos princípios das coisas, com um mago muito esclarecido que Porfírio chama de Zabratos, Plutarco de Zaratas e Teodoreto de Zaradas. (Porfírio, *Vita Pythag.*). Plutarco tende a crer que esse mago é o mesmo Zardusht, ou Zoroastro, no que a cronologia não se opõe inteiramente. (Plutarco, *De Procreat. anim.* Hyde, *De Relig. Vet. Pers.* c. 24, p. 309 e c. 31, p. 379.)

dos seres materiais aos espirituais, dos sensíveis aos inteligíveis.[29] Os brâmanes, que computam quinze esferas no universo,[30] parecem reunir os três mundos primordiais às doze esferas concêntricas resultantes de seu desenvolvimento. Zoroastro, que admitia o dogma dos três mundos, limitava o mundo inferior ao turbilhão da lua. Aí findava, segundo ele, o império do mal e da matéria.[31] Concebida assim, essa ideia foi geral; era a de todos os filósofos antigos.[32] E o que é extraordinário é que foi adotada por teósofos cristãos que decerto não eram bastante instruídos para agir por imitação.[33] Os sectários de Basilides, os de Valentino e todos os gnósticos daí hauriram o sistema das emanações, que gozou de grande celebridade na escola de Alexandria. Segundo esse sistema, concebia-se a unidade absoluta ou Deus como a alma espiritual do universo, o princípio da existência, a luz das luzes. Acreditava-se que essa unidade criadora, inacessível ao próprio entendimento, produzia por emanação uma difusão de luz que, procedendo do centro para a circunferência, ia perdendo progressivamente seu brilho e sua pureza à medida que se afastava de sua fonte, até os confins das trevas nas quais acabava por se confundir, resultando que seus raios divergentes, tornando-se cada vez menos espirituais e, ademais, repelidos pelas trevas, condensavam-se ao se misturarem a elas, e assumindo uma forma material formavam todas as espécies de seres que o mundo encerra. Assim, admitia-se entre o Ser supremo e o ser humano uma cadeia incalculável de seres intermediários cujas perfeições diminuíam proporcionalmente ao seu distanciamento do princípio criador. Todos os filósofos e todos os sectários que admitiram essa hierarquia espiritual consideraram sob relações que lhes eram próprias os seres diferentes dos quais ela era composta. Os magos dos persas que nela viam gênios mais ou menos perfeitos lhes davam nomes relativos às suas perfeições e se serviam em seguida desses próprios nomes para evocá-los: eis a origem da magia dos persas, que tendo os judeus recebido por tradição durante seu

---

29. *Asiat. Research*, t. VI, p. 174.
30. Holwell's, *Histor. interest. Events,* cap. IV, par. 5.
31. Beausobre, *Hist. du Manich.,* t. I, p. 164.
32. Macróbio, *Somn. Scip.* L. I, c. II.
33. Bœhme: *Les six points.* cap. 2.

cativeiro na Babilônia, chamaram de *cabala*[34]. Essa magia misturou-se à astrologia entre os caldeus, os quais consideravam os astros como seres animados pertencentes à cadeia universal das emanações divinas; ligou-se no Egito aos mistérios da natureza e ocultou-se nos santuários, onde os sacerdotes a ensinavam sob a superfície dos símbolos e dos hieróglifos. Pitágoras, concebendo essa hierarquia espiritual como uma progressão geométrica, considerou os seres que a compõem sob relações harmônicas e fundou por analogia as leis do universo nas leis da música. Chamou de harmonia o movimento das esferas celestes e serviu-se dos números para exprimir as faculdades dos seres diferentes, suas relações e suas influências. Hiérocles menciona um livro sagrado atribuído a esse filósofo no qual ele chamava a Divindade de o Número dos números.[35] Platão, que alguns séculos depois considerou esses mesmos seres como ideias e modelos, procurava penetrar sua natureza, submetê-los pela dialética e à força do pensamento. Sinésio, que combinava a doutrina de Pitágoras à de Platão, chamava Deus ora de Número dos números, ora de Ideia das ideias.[36] Os gnósticos davam aos seres intermediários o nome de *eons*.[37] Esse nome, que significava em egípcio um princípio volitivo desenvolvendo-se mediante uma faculdade plástica, inerente, foi aplicado em grego a uma duração infinita.[38] Encontra-se em Hermes Trismegistos a origem dessa mudança de sentido. Esse antigo sábio observa que as duas faculdades, as duas virtudes de Deus são o entendimento e a alma, e que as duas virtudes do *eon* são a perpetuidade e a imortalidade. A essência de Deus, diz ele ainda, é o bom e o belo, a beatitude e a sabedoria; a essência do *eon* é ser sempre o

---

34. A palavra קבל significa em hebraico, em árabe e em caldeu o que é anterior, aquilo que se recebe dos antigos por tradição.
35. *Aurea carm.* v. 48.
36. Sinésio, *Hymn. III,* v. 174. *Hymn. IV*, v. 68.
37. Beausobre, *Hist. du Manich.*, t. I, p. 572.
38. A palavra *eon*, em grego αἰών, deriva do egípcio ou do fenício אי (*ai*), um princípio volitivo, um ponto central de desenvolvimento, e יון (ion), a faculdade geradora. Essa última palavra significou, num sentido restrito, pomba e foi o símbolo de Vênus. É o famoso *Yoni* dos indianos, e mesmo o *Yn* dos chineses, ou seja, a natureza plástica do universo. Daí provém o nome *Jônia*\* dado à Grécia.
\*.  Em grego Ἰωνία. (N.T.)

mesmo.³⁹ Mas, não satisfeitos em assimilar os seres da hierarquia celeste a ideias, a números ou a princípios plásticos volitivos, houve filósofos que preferiram designá-los pelo nome Verbos. Plutarco diz em alguma parte que os verbos, as ideias e as emanações divinas residem no céu e nos astros.⁴⁰ Fílon em mais de uma passagem dá o nome de verbo aos anjos; e Clemente de Alexandria relata que os valentinianos chamavam assim frequentemente os seus *eons*.⁴¹ Segundo Beausobre, os filósofos e os teólogos, buscando termos para exprimir as substâncias incorpóreas, as designaram por qualquer um de seus atributos ou por qualquer uma de suas operações, denominando-as *espíritos* por conta da sutileza de sua substância, *inteligências* devido ao pensamento, *verbos* devido à razão, *anjos* por conta de seus ministérios, *eons* devido à sua maneira de subsistir sempre igual sem mudança e sem alteração.⁴² Pitágoras as chamava de deuses, heróis e demônios,*⁻⁴³ relativamente à sua respectiva elevação e à posição harmônica dos três mundos que habitavam. Esse ternário cosmogônico unido à unidade criadora constituía o famoso quaternário ou a tétrada** sagrada de que se tratará mais adiante.

---

39. Hermes Trismegistos, c. II.
40. Plutarco, citado pelo padre Petau. *Notes in Synes.*, p. 42.
41. Clemente de Alexandria, *Eclog. Theod.* par. 30.
42. *Hist. du Manich.* t. I, p. 572.
*. Na tradução do autor dos versos, *Esprits demi-Dieux*, literalmente espíritos semideuses. (N.T.)
43. Deuses, heróis, demônios significam nas palavras gregas θεός, ἥρωας, δαίμων,* das quais derivam os seres-princípios que atingiram a perfeição; os seres-princípios dominadores; as existências terrestres. A palavra θεός é formada da palavra אזש (*aos*), um ser-princípio, precedida da letra hemântica ת (θ, *th*), que é o signo da perfeição. A palavra ἥρωας** é composta da mesma palavra אזש (*aos*) precedida da palavra הרר (*herr*) exprimindo tudo que domina. A palavra δαίμων provém do antigo vocábulo δῆμ, Terra, combinado com o vocábulo ὤν, existência.
  *. No contexto inicial dos versos traduzidos pelo autor respectivamente θεούς,... ἥρωας... δαίμονας, acusativo plural.
  **. Nominativo singular: ἥρως. (N.T.)
**. Ver nota do tradutor na p. 27. (N.T.)

# PURIFICAÇÃO

[4]
Sê bom filho, irmão justo, esposo terno e bom pai...

A meta da doutrina de Pitágoras era esclarecer os seres humanos, purificá-los de seus vícios, libertá-los de seus erros e reconduzi-los à virtude, à verdade; e após tê-los feito passar por todos os graus do entendimento e da inteligência, torná-los semelhantes aos deuses imortais.

Esse filósofo havia, em vista disso, dividido sua doutrina em duas partes: a parte purificadora e a parte unificadora. Através da primeira o ser humano se purificava de suas máculas, saía das trevas da ignorância e alcançava a virtude; através da segunda, empregava sua virtude adquirida para unir-se à divindade por meio da qual chegava à perfeição. Essas duas partes acham-se bem distintas nos *Versos Dourados*. Hiérocles, que as compreendeu bem, delas fala no começo de seus Comentários e as designa mediante duas palavras que encerram, ele diz, toda a doutrina de Pitágoras, quais sejam, purificação e perfeição.[44] Os magos e os caldeus, cuja totalidade dos princípios fora adotada por Pitágoras, concordavam nesse ponto e se serviam, para exprimir sua ideia, de uma frase parabólica muito célebre entre eles: "Destruímos, diziam eles, o estrume da matéria pelo fogo do amor divino".[45] Um anônimo que escreveu uma história de Pitágoras, conservada por Fócio, diz que os discípulos desse grande homem ensinavam que se aperfeiçoa de três maneiras: conversando com os deuses, fazendo o bem imitando os deuses, saindo desta vida para unir-se aos deuses.[46] A primeira dessas maneiras está contida

---

44. Κάθαρσις, καὶ τελειότης.
45. Lil. Greg. Gyrald: *Pythag. Symb. Interpret.* p. 92.
46. *Apud Phot. (Fócio), Cod.* 249.

nos três primeiros versos dourados que dizem respeito ao culto a ser prestado, segundo a lei e segundo a fé, aos deuses, aos heróis glorificados e aos espíritos. A segunda, isto é, a purificação, começa no quarto verso que constitui o objeto desta análise. A terceira, isto é, a união com a divindade, ou a perfeição, começa no 40º verso de minha tradução:

Que jamais o sono cerre tuas pálpebras...

Assim, a divisão que julguei dever fazer desse poemeto não é, como se vê, arbitrária. O judicioso Bayle a observara antes de mim.[47]

É de se notar que Pitágoras inicia a parte purificadora de sua doutrina recomendando a observância dos deveres naturais e que situa na categoria das primeiras virtudes a devoção filial, o amor paterno e o conjugal. Assim, esse admirável filósofo preocupa-se primeiramente em estreitar os laços de sangue, em torná-los caros e sagrados; prega o respeito às crianças, a ternura dirigida aos pais, a união com todos os membros da família; segue, portanto, o sentimento profundo que a todos os seres sensíveis inspira a natureza; bem diferente nisso do que alguns legisladores cegos por uma falsa política, que, para conduzir as pessoas a não sei qual força e a qual felicidade imaginárias quiseram, ao contrário, romper esses laços, aniquilar essas relações de pai e filho e irmão, para concentrar, diziam eles, num ser de razão chamado Pátria, a afeição que a alma divide entre esses objetos de seu primeiro amor.[48] Se esses legisladores houvessem se disposto a refletir por um momento, teriam percebido que não existe pátria para aquele que não tem pai, e que o respeito e o amor que o homem em sua idade viril experimenta por seu torrão natal têm como princípio e recebem sua força desses mesmos sentimentos que ele experimentava em sua infância por sua mãe. Todo efeito anuncia uma causa; todo edifício apoia-se em alicerces: a verdadeira causa do amor à pátria é o amor maternal; os únicos

---

47. *Dict. crit. art. Pythagoras* (Pitágoras), obs. Q.
48. Não faz muito tempo que um homem, intelectualmente bastante estruturado, mas muito pouco esclarecido pela verdadeira ciência, publicou um livro intitulado *Ruverabhoni*, no qual, amontoando todos os sofismas antigos e modernos debitados contra a organização social fundada no estabelecimento da família, sustentava a necessidade, no tocante a isso, de alterar o instinto natural, e fundar *a verdadeira felicidade* nos destroços de todos os laços de sangue de todas as afeições da alma, de todos os deveres do parentesco.

alicerces do edifício social são a autoridade paterna e o respeito filial. É exclusivamente dessa autoridade que resulta a do Príncipe que, em todo Estado bem organizado, sendo considerado como o pai do povo, tem direito à obediência e ao respeito de seus filhos.

Vou fazer aqui uma comparação singular para a qual rogo a atenção do leitor. Moisés, instruído na mesma escola de Pitágoras, após haver anunciado a unidade de Deus no famoso Decálogo que contém a síntese de sua lei, e ter ordenado ao seu povo sua adoração, estabelece como primeira virtude a devoção filial:[49] "Respeita, diz ele, teu pai e tua mãe para que teus dias sejam multiplicados nesta pátria de Adão, que *Jhoah*, teus deuses a ti concedeu".[50]

O legislador teocrático dos hebreus, constituindo esse mandamento, coloca a recompensa ao lado do preceito: ele declara formalmente que o exercício da devoção filial trará consigo uma longa existência. Ora, é preciso observar que Moisés, contentando-se em encerrar em sua doutrina somente a parte purificadora, sem dúvida não julgando seu povo num estado que admitisse a parte unificadora, em lugar algum lhe fala da imortalidade, que é a sua consequência; contenta-se em prometer o gozo dos bens temporais, entre os quais tem o cuidado de pôr em primeiro lugar a longevidade. A experiência provou, relativamente aos povos em geral, que Moisés falava com um conhecimento profundo das causas que

---

49. Como forneço o próprio sentido de Moisés e não aquele dos *Setenta*, copiado pela Vulgata, transcrevo aqui o texto original, de modo que aqueles que entendem o hebraico constatem que não me afastei dele.
יהוה אלהיך נתן לך ככר את-אביך ואת-אמך למען ימיך על האדמה אשר-. Êxodo, cap. 20, v. 12.
50. *Esta pátria de Adão*, em hebraico האדמה (*ha-adamah*), a adameana. Essa palavra, que se traduz vulgarmente por *terra*, só significa isso metaforicamente. Seu sentido próprio, de compreensão dificílima, depende sempre daquele que se atribui ao nome Adão, do qual deriva.

*Jhoah*, em hebraico (יהזה), a propósito o muito mal pronunciado *Jeová* devido a uma pontuação viciosa dos massoraítas, é o nome próprio de Deus. Esse nome foi formado por Moisés de um modo a uma vez engenhoso e sublime por meio da contração dos três tempos do verbo הזה (*hoeh*), ser. Significa exatamente *Será-sendo-sido*, aquele que é, foi e será. É traduzido suficientemente bem por o *Eterno*. É a *eternidade*, ou o tempo sem limites de Zoroastro. Esse nome é bastante correntemente seguido, como o é aqui, das palavras אלהיך (*Ælohi-eha*), teus deuses, para exprimir que a Unidade encerrada em *Jhoah* compreende a infinidade dos deuses e deve substituí-los para o povo de Israel.

prolongam a duração dos Impérios. A devoção filial é a virtude nacional dos chineses, o fundamento sagrado em que se apoia o edifício social do maior e mais antigo povo do mundo.[51] Essa virtude é na China, há mais de quatro mil anos o que foi em Esparta ou em Roma o amor à pátria. Esparta e Roma foram aniquiladas, a despeito da espécie de fanatismo de que suas crianças eram animadas, e o Império chinês, o qual subsistia dois mil anos antes da fundação de Esparta e de Roma, ainda subsiste dois mil anos depois da queda destas. Se a China pôde conservar-se em meio ao fluxo e refluxo de mil revoluções, salvar-se de seus próprios naufrágios, triunfar após suas próprias derrotas e subjugar seus próprios conquistadores, ela o deve a essa virtude que, elevando-se do último cidadão ao Filho do céu, sentado no trono imperial, anima todos os corações com um fogo sagrado, que é alimentado pela própria natureza, a qual prolonga enormemente sua duração. O imperador é o pai do Estado; duzentos milhões de seres humanos que se consideram seus filhos compõem sua imensa família.* Qual o esforço humano capaz de derrubar esse colosso?[52]

[5]
Elege para teu amigo o amigo da virtude;
Cede a seus conselhos benevolentes,
   norteia-te por sua vida,
E por uma falta leve não o abandones jamais...

Depois dos deveres que têm sua fonte direta na natureza, Pitágoras recomenda aos seus discípulos os deveres que decorrem do estado social; a amizade se segue imediatamente à devoção filial e ao amor paterno e fraterno. Mas esse filósofo faz uma distinção plena de sentido: ordena honrar os pais, mas diz para eleger o amigo. Eis a razão: é a natureza que preside ao nosso nascimento; é ela que nos concede um pai, uma mãe, irmãos, irmãs, parentes, uma posição sobre a Terra, um estado na sociedade. Tudo isso não depende de nós: tudo isso para o vulgo é obra do acaso. Para o filósofo pitagórico, porém, são as consequências de uma ordem anterior, severa, irresistível, denominada destino ou necessidade. Pitágoras opunha a essa natureza constrangida uma natureza

---

51. *Mémoires concern. les Chinois*, t. IV, p. 7.
*. O leitor deve lembrar que o autor se serve de dados do final do século XVIII. (N.T.)
52. *Mém. concern. les Chinois*, ibid.

livre que, atuando sobre as coisas forçadas como sobre a matéria bruta, as modifica e delas extrai, por livre-arbítrio, resultados bons ou maus. Essa segunda natureza era chamada de poder ou vontade: é ela que regula a vida humana e que dirige sua conduta conforme os elementos a ela fornecidos pela primeira. A necessidade e o poder são, segundo Pitágoras, os dois móveis opostos do mundo sublunar, ao qual o ser humano está relegado. Esses dois móveis extraem sua força de uma causa superior que os antigos chamavam de *nêmesis*, decreto fundamental,[53] e que chamamos de *Providência*. Assim, portanto, Pitágoras reconhecia, relativamente ao ser humano, coisas constrangidas e coisas livres, conforme dependentes da necessidade ou da vontade: classificava a devoção filial entre as primeiras e a amizade entre as segundas. Não sendo o ser humano livre para outorgar a si pais de sua escolha, deve respeitá-los tais como são e cumprir, no tocante a eles, todos os deveres naturais, independentemente de qualquer injustiça que possam cometer em relação a ele. Mas como nada o constrange a oferecer sua amizade, ele tão só a deve a quem dela se mostre digno por sua devoção à virtude.

Observemos aqui um ponto importante. Na China, onde a devoção filial é considerada a raiz de todas as virtudes e a primeira fonte do ensinamento,[54] o exercício dos deveres por ela imposto não admite nenhuma exceção. Como o legislador lá ensina que o maior dos crimes é não ter devoção filial, ele supõe que aquele que foi bom filho será bom pai, com o que nada romperá o vínculo social;[55] com efeito, ele estabelece em primeiro lugar que essa virtude abrange a todos, do imperador aos últimos de seus súditos, e que é para os povos o que é a regularidade dos movimentos celestes para o espaço etéreo. Entretanto, na Itália* e na Grécia, onde Pitágoras instituía seus dogmas, teria sido perigoso conferir-lhe idêntica extensão, uma vez que essa virtude, não sendo a do Estado, teria

---

53. Nêmesis, em grego νέμεσις, deriva das palavras fenícias נאם (*nam* ou *nœm*), que exprimem toda sentença, toda ordem, toda detenção enunciada de viva voz, e אשיש (*œshish*), tudo que serve de princípio, de fundamento. Essa última palavra tem por raiz אש (*as, os* ou *œs*), do que com frequência se tratou.
54. *Hiao-King*, ou *Livre de la Piété filiale (Livro da devoção filial)*.
55. Kong-Tse, no *Hiao-King*, que contém sua doutrina.
*. Especialmente em Crotona (extremo sul da Itália), magna Grécia, onde Pitágoras fundou sua confraria em torno de 530 a.C. (N.T.)

necessariamente resultado em abusos da autoridade paterna já excessiva em alguns povos. Eis a razão de os discípulos desse filósofo, fazendo observar a diferença entre as ações ditadas pela necessidade e as voluntárias, sabiamente julgaram ser necessário aplicar aqui a distinção: recomendavam, portanto, que se honrasse pai e mãe e a estes se obedecesse em tudo aquilo que diz respeito ao corpo e às coisas mundanas, mas sem a eles entregar a própria alma,[56] pois a lei divina declara livre o que não foi deles recebido e o libera de sua autoridade. Pitágoras, ademais, favorecera essa opinião ao dizer que após haver eleito um amigo entre as pessoas mais recomendáveis por conta de suas virtudes, era preciso nortear-se por suas ações e disciplinar-se com base em seus discursos, o que testemunhava o grande apreço que tinha pela amizade. "Os amigos, dizia, são como companheiros de viagem, que devem prestar mútua ajuda no sentido de perseverar no caminho da melhor vida."[57] É a ele que devemos esta frase tão bela, tão frequentemente repetida, tão pouco compreendida pelo comum dos homens, e que um rei vitorioso, Alexandre, o Grande, compreendeu tão bem e enunciou com tanta felicidade mais tarde: "Meu amigo é outro eu".[58] É também dele que Aristóteles emprestara esta bela definição: "O verdadeiro amigo é uma alma que vive em dois corpos".[59] O fundador do Liceu, ao dar tal definição da amizade, manifestava-se mais em teoria do que na prática, ele que, raciocinando um dia a respeito da amizade, exclamou ingenuamente: "Ó meus amigos! Não há amigos".[60] De resto,

---

56. Hiérocles, *Comment. in Aurea carm.* v. 5.
57. Ibid., v. 7.
58. Porfírio *in Vita Pythag.* p. 37. [O preceptor de Alexandre, isto é, Aristóteles, realmente escreve o seguinte em *Ética a Eudemo\**, 1245a29-30: "...ὁ γὰρ φίλος βούλεται εἶναι, ὥσπερ ἡ παροιμία φησίν, ἄλλος Ἡρακλῆς, ἄλλος αὐτός..." ("...com efeito, o amigo quer ser, como diz o provérbio, outro Héracles, outro eu..."). Na *Ética a Nicômaco\**, 1166a32, a frase de Aristóteles é formalmente quase idêntica a que é aqui colocada na boca de Alexandre e atribuída a Pitágoras pelo autor: "...ἔστι γὰρ ὁ φίλος ἄλλος αὐτός..." ("...com efeito, o amigo é outro eu..."). (N.T.)]
    \*. Obra publicada em *Clássicos Edipro*. (N.E.)
59. Dacier, *Vie de Pythag.* ["...καὶ αἱ παροιμίαι δὲ πᾶσαι ὁμογνωμονοῦσιν, οἷον τὸ 'μία ψυχή'...", nossa tradução: "...Ademais, todos os provérbios coincidem nisso, por exemplo: (amigos partilham de) uma alma única...", *Ética a Nicômaco*, 1168b8-10. (N.T.)]
60. Diógenes Laércio, L. V, par. 21.

Pitágoras não concebia a amizade como uma simples afeição individual, mas como uma benevolência universal que deve se estender a todos os seres humanos em geral, e em particular às boas pessoas.[61] Conferia, assim, a essa virtude o nome filantropia.* É a virtude que, com o nome de amor** serve de fundamento à religião cristã. Jesus a propunha aos seus discípulos imediatamente após o amor a Deus*** e em paridade com a devoção filial;[62] Zoroastro a situava depois da sinceridade,[63] no desejo de que o ser humano fosse puro no pensamento, nas palavras e na ação, que dissesse a verdade e que fizesse o bem aos outros seres humanos. Kong-Tse, bem como Pitágoras, a recomendavam em seguida à devoção filial.[64] "Toda a moral se reduz, dizia ele, à observância das três leis fundamentais de relações entre os soberanos e os súditos, entre os pais e os filhos e entre o esposo e a esposa; e à prática exata de cinco virtudes capitais, das quais a primeira é a humanidade, isto é, esse amor universal, essa expansão da alma que une ser humano a ser humano sem distinção".

[6]
Se tu o puderes ao menos, pois uma lei severa
Une o poder à necessidade.

Eis a prova do que eu dizia há pouco, a saber, que Pitágoras reconhecia dois móveis das ações humanas, o primeiro egresso de uma natureza constrangida denominada necessidade, o segundo emanando de uma natureza livre denominada poder, uma e outra dependendo de uma lei primordial subentendida. Essa doutrina era a dos antigos egípcios, dos

---

61. Hiérocles, *Aurea carm.* v. 8.
*. Grego: φιλανθρωπία, literalmente *amor (amizade) pelos seres humanos*. (N.T.)
**. ...*charité*,... . (N.T.)
***. Mateus, cap. 22, v. 37-40: "Ἀγαπήσεις Κύριον τὸν θεόν σου, ἐν ὅλῃ τῇ καρδίᾳ σου, καὶ ἐν ὅλῃ τῇ ψυχῇ σου, καὶ ἐν ὅλῃ τῇ διανοίᾳ σου. αὕτη ἐστὶ πρώτη καὶ μεγάλη ἐντολή δευτέρα δὲ ὁμοία αὐτῇ, Ἀγαπήσεις τὸν πλησίον σου ὡς σεαυτόν." Nossa tradução: "Ama ao Senhor teu Deus de todo o teu coração, de toda a tua alma e de todo o teu entendimento. Este é o primeiro e grande mandamento. O segundo se assemelha a este: Ama ao teu próximo como a ti mesmo". (N.T.)
62. *Evangelho de São Mateus*, cap. 22.
63. *Zend-Avesta*, 30º *hâ*, p. 164, ibid., 34º *hâ*, p. 174. Ibid., 72º *hâ*, p. 258.
64. *Vie de Confucius*, p. 139.

quais Pitágoras a tinha haurido. "O ser humano é mortal relativamente ao corpo, diziam eles, mas imortal relativamente à alma constituinte do ser humano essencial. Como imortal, possui autoridade sobre todas as coisas, mas relativamente à parte material e mortal de si mesmo está submetido ao destino."[65]

Vê-se por essas poucas palavras que os antigos sábios não conferiam ao destino a influência universal que alguns filósofos, e particularmente os estoicos, lhe conferiram mais tarde, considerando que apenas exercia seu império sobre a matéria. É de se crer que quando os sectários do Pórtico* o definiam como um encadeamento de causas em virtude do qual o passado ocorreu, o presente existe e o futuro deve se realizar,[66] ou melhor ainda, como a regra da lei pela qual o universo é regido,[67] é de se crer, digo eu, que esses filósofos confundiam o destino com a Providência, e não distinguiam o efeito de sua causa, uma vez que essas definições somente convêm à lei fundamental da qual o destino é apenas uma emanação. Essa confusão nas palavras deve produzir e efetivamente produziu entre os estoicos uma inversão de ideias que teve as mais lamentáveis consequências;[68] com efeito, como, em consonância com seu sistema, estabeleciam um encadeamento de bens e de males que nada pode alterar nem romper, disso se concluiu facilmente que, estando o universo submetido à impulsão de uma fatalidade cega, todas as ações estão nela necessariamente predeterminadas, forçadas e, consequentemente, são em si mesmas indiferentes. Resultado: o bem e o mal, a virtude e o vício são palavras vazias, coisas cuja existência é puramente ideal e relativa.

Os estoicos teriam evitado essas consequências funestas se, como Pitágoras, tivessem admitido os dois móveis a que me referi, nomeadamente a necessidade e o poder; e se, longe de erigir a necessidade como única senhora absoluta do universo, sob o nome de destino ou fatalidade, a tivessem visto contrabalançada pelo poder da vontade e submetida à causa providencial de que tudo emana. Os discípulos de

---

65. Hermes Trismegistos *in Pœmand*.
*. Em grego Στοά, daí *estoicos*. (N.T.)
66. Sêneca, *De Sen*. VI, 2.
67. Aulo Gélio, L. VI, c. 2.
68. Plutarco, *De Repug. stoïc., De Fato*.

Platão teriam igualmente evitado muitos erros se houvessem compreendido bem esse encadeamento dos dois princípios opostos de onde resulta o equilíbrio universal. Mas de acordo com algumas falsas interpretações da doutrina de seu mestre acerca da alma da matéria, haviam imaginado que essa alma não era outra senão a necessidade pela qual é regida,[69] de sorte que sendo essa alma, segundo eles, inerente à matéria e em si má, conferia ao mal uma existência necessária, dogma inteiramente temível, pois leva a considerar o mundo como a arena de uma luta sem começo nem fim entre a providência, princípio do bem, e a alma da matéria, princípio do mal. O maior erro dos platônicos, precisamente contrário ao dos estoicos, era ter confundido o poder livre da vontade com a Providência divina, de tê-la erigido em princípio do bem, e de ser assim posta na situação de sustentar a existência de duas almas no mundo, uma produtora do bem, que é Deus, outra produtora do mal, que é a matéria. Esse sistema, aprovado por muitos homens célebres da antiguidade, e que Beausobre assegura ter sido o mais geralmente aceito,[70] oferece, como acabo de dizer, o imenso inconveniente de atribuir ao mal uma existência necessária, isto é, uma existência independente e eterna. Ora, Bayle provou muito bem, ao atacar esse sistema naquele de Manes, que não podem existir dois princípios opostos, igualmente eternos e independentes um do outro, porque as ideias mais certas e mais claras de ordem nos ensinam que um ser que existe por si mesmo, que é necessário, que é eterno, deve ser único, infinito, onipotente e dotado de todas as espécies de perfeições.[71]

Não é, porém, inteiramente certo que Platão haja tido a ideia que seus discípulos a ele atribuíram, pois longe de considerar a matéria como um ser independente e necessário, animado por uma alma essencialmente má, parece mesmo duvidar de sua existência, chegando até a considerá-la como um puro nada, e classifica os corpos que dela são formados como seres equívocos ocupando uma mediania entre o que existe sempre e o que não existe;[72] afirma ora que a matéria foi criada,

---

69. Calcídio, *in Tim.*, not. 295, p. 387.
70. *Hist. du Manich.*, t. II. L. V, cap. 6, p. 250.
71. *Dict. crit.* art. *Manichéens* (maniqueus), obs. D.
72. Cícero. *Tuscul.* L. I. Clemente de Alexandria, *Strom.* L. V. p. 501.

ora que não foi[73] e cai assim em contradições das quais seus inimigos se prevaleceram. Plutarco, que muito bem o percebeu, escusa-os dizendo que esse grande filósofo caiu propositalmente nessas contradições com o fito de ocultar algum mistério, um espírito do seu valor não sendo feito para afirmar os dois contrários no mesmo sentido.[74] O mistério que Platão desejava ocultar, como ele dá suficientemente a entender,[75] era a origem do mal. Confessa, ele mesmo, que jamais expôs e jamais exporá por escrito seus verdadeiros pontos de vista acerca disso.* Assim, o que Calcídio e, depois dele, André Dacier, apresentaram como a doutrina de Platão não passa de conjeturas ou de conclusões muito remotas extraídas de alguns de seus dogmas. Esse é um tipo de prática frequente com respeito a homens célebres cujos escritos se comenta e, sobretudo, quando se tem quaisquer razões para apresentar suas ideias sob um aspecto que se amolda ou que confirma uma opinião quer favorável quer desfavorável. É o que ocorreu ainda mais a Manes do que a qualquer outro; muito se caluniou sua doutrina com base nos dois princípios sem se saber bem o que ele entendia por eles, apressando-se a condená-lo sem aprofundar o que ele dissera, adotando como axiomas por ele estabelecidos as conclusões mais bizarras e mais ridículas que seus inimigos haviam tirado de algumas frases equívocas.[76] O que me conduz a essa observação é que não foi verdadeiramente provado que Manes tenha efetivamente admitido dois princípios opostos do bem e do mal, independentes e eternos, e que devem a si mesmos sua existência própria e absoluta, uma vez que é fácil perceber que Zoroastro, de quem ele principalmente imitara a doutrina, não os tinha admitido como tais, mas igualmente egressos de uma causa superior sobre cuja essência ele se

---

73. Justino, *Cohort ad Gent.* p. 6, Cirilo. *Contr. Julian.* Fabrício, *Bibl. græc.* t. I, p. 472.
74. Plutarco, *De Procreat. anim.*
75. Platão, *Epist. (Epístolas)* 2 e 7, t. III, p. 312, 313, 341 etc.
*. Essas reservas de Platão são de fato detectáveis ao menos em duas Cartas (Epístolas) a ele atribuídas: a Carta II (314c) e a Carta VII (341c), respectivamente: "...διὰ ταῦτα οὐδὲν πώποτ' ἐγὼ περὶ τούτων γέγραφα, οὐδ' ἔστι σύγγραμμα Πλάτωνος οὐδὲν οὐδ' ἔσται..." ("...Por causa disso, eu jamais escrevi acerca dessas matérias e não existe nem existirá escrito algum da autoria de Platão,...") e "...οὔκουν ἐμόν γε περὶ αὐτῶν ἔστι σύγγραμμα οὐδὲ μήποτε γένηται..." ("...Decerto não existe e tampouco jamais virá a existir algum escrito de minha autoria que trate de tal coisa;..."). (N.T.)
76. Ver a excelente obra de Beausobre a esse respeito, a *Histoire du Manichéisme.*

calava.[77] Estou muito propenso a crer que os doutores cristãos que nos transmitiram as ideias desse poderoso heresiarca, tornados cegos por seu ódio ou por sua ignorância, as deformaram, como vejo que os filósofos platônicos, extraviados por suas próprias opiniões, desfiguraram inteiramente aquelas do célebre fundador da Academia. O erro de uns e outros foi tomarem por seres absolutos o que Zoroastro e Pitágoras, Platão ou Manes haviam enunciado como emanações, resultados, forças ou mesmo simples abstrações do entendimento. Assim, Ormuzd e Arihman, o *poder* e a *necessidade*, o *mesmo* e o *outro*, a *luz* e as *trevas* não são, no fundo, senão as mesmas coisas exprimidas diversamente, apreendidas diversamente, mas sempre reconduzidas à mesma origem, e submetidas à mesma causa fundamental do universo.

Não é, portanto, verdadeiro, como disse Calcídio, que Pitágoras tenha demonstrado que os males existem necessariamente[78] porque a matéria é má em si. Pitágoras jamais disse que a matéria fosse um ser absoluto do qual o mal compôs a essência. Hiérocles, que estudara a doutrina desse grande homem e a de Platão, negou que um ou outro houvesse algum dia proposto a matéria como um ser existente por si mesmo. Provou, ao contrário, que Platão ensinara, na esteira de Pitágoras, que o mundo fora produzido do nada\* e que seus sectários se enganavam ao pensarem que ele admitira uma matéria incriada.[79] O poder e a necessidade, do que se trata nos versos que encabeçam esta análise, não são, como se acreditou, as fontes absolutas do bem e do mal. A necessidade não é mais má em si do que é bom o poder; o bem

---

77. Quando Zoroastro fala dessa causa, dá-lhe o nome de *tempo sem limites*, segundo a tradução de Anquetil du Perron. Na doutrina desse teósofo também essa causa não parece absoluta, pois numa passagem do *Zend-Avesta*, onde se trata do Ser supremo, produtor de Ormuzd, ele chama esse Ser de Ser absorvido na excelência, e diz que o fogo que atua desde o começo é o princípio de união entre esse Ser e Ormuzd. (36ª *hâ du Vendidad Sadé*, p. 180. 19ª *fargard,* p. 415.) Encontra-se num outro livro, denominado *Sharistha*, que quando esse Ser supremo organizou a matéria do universo, enviou sua vontade sob a forma de uma luz resplandecente. (*Apud* Hyde, c. 22, p. 298).

78. *In Tim.* not. 295.

\*. ...*que le Monde avait été produit de Rien*,...: afirmação bastante discutível no que respeita à cosmogonia platônica. (N.T.)

79. Ver Fócio, *Cod.* 251. Plotino, Porfírio, Jâmblico, Proclo e Simplício foram da mesma opinião de Hiérocles, conforme o diz o sábio Fabrício. *Bibl. græc.* t. I, p. 472.

ou o mal resulta do uso que o ser humano é chamado a fazer de uma e de outro e de seu emprego indicado pela sabedoria ou a ignorância, o vício ou a virtude. Isso foi compreendido por Homero que o exprimiu numa admirável alegoria representando o próprio deus dos deuses, Júpiter*, abrindo indiferentemente as fontes do bem e do mal no universo.

"Aos pés de Júpiter estão dois vasos iguais:
De um saem os bens, do outro os males."[80]

Aqueles que rejeitaram esse pensamento de Homero não refletiram o suficiente nas prerrogativas da poesia, que consistem em particularizar o que é universal e representar como feito o que está por fazer. O bem e o mal não emanam de Júpiter em ato, mas em potência, isto é, a mesma coisa, representada por Júpiter ou o princípio universal da Vontade e da Inteligência, se torna boa ou má conforme é determinada pela operação particular de cada princípio individual de vontade e de inteligência.[81] Ora, o ser humano é para o Ser denominado Júpiter por Homero como o particular é para o universal.[82]

[7]
Cabe a ti, entretanto, combater e vencer
Tuas loucas paixões: aprende a domá-las.

Parece que Lísis, prevendo o que se podia induzir negativamente daquilo que acabara de dizer, e como se tivesse pressentido que não se deixaria de generalizar a influência da necessidade sobre as ações humanas, quisesse de antemão opor-se ao dogma destrutivo da fatalidade estabelecendo a império da vontade sobre as paixões. Isso está presente na doutrina de Pitágoras, o verdadeiro fundamento da liberdade humana: com efeito, não há, segundo esse filósofo, ninguém livre senão aquele que sabe dominar-se,[83] e o jugo das paixões é bem mais pesado

---

*. Zeus. O autor emprega a nomenclatura latina. (N.T.)
80. *Ilíad. L. ult.* v. 527. [*Ilíada*, Canto xxiv, 527. (N.T.)]
81. Cícero, *De Natur. Deor.* L. I, c. 15.
82. Id., *De Fato*, c. 17.
83. *Axiomes de Pythagore conservés par Stobée* (*Axiomas de Pitágoras conservados por Estobeu*), Serm. 6.

e mais difícil de desembaraço, por mais que o sacudamos, do que aquele dos tiranos mais cruéis. Contudo, Pitágoras não prescrevera, segundo o que diz Hiérocles, o aniquilamento das paixões, como os estoicos o ensinaram mais tarde, mas somente a vigilância delas e a repressão de seu excesso, já que todo excesso é vicioso.[84] Ele considerava as paixões como úteis ao ser humano, e embora produzidas em princípio pela necessidade e dadas por um destino irresistível, como submetidas, a despeito disso, no seu emprego, ao poder livre da vontade. Platão compreendera bem essa verdade e a indicara enfaticamente em muitas passagens de suas obras: encontramo-la, sobretudo, no segundo diálogo *Hípias*\*, onde esse filósofo mostra claramente, sem parecer visá-lo, que a pessoa boa ou má, virtuosa ou criminosa, sincera ou mentirosa jamais o é senão pelo poder de sua vontade e que a paixão que a conduz à virtude ou ao vício, à verdade ou à mentira, é por si mesma nula; resulta que nenhuma pessoa é má senão pela faculdade que possui de ser boa; nem boa senão pela faculdade que possui de ser má.

Mas possui o ser humano a faculdade de ser bom ou mau segundo sua vontade e não é irresistivelmente arrastado para o vício ou a virtude? Eis aí uma questão que tem ocupado todas as cabeças pensantes da Terra e que, segundo as circunstâncias, tem causado tempestades mais ou menos violentas. É preciso, entretanto, atentar bem para uma coisa, a saber, que antes do estabelecimento do cristianismo e a admissão do pecado original como dogma fundamental da religião, nenhum fundador de seita, nenhum filósofo célebre positivamente negara o livre-arbítrio e ensinara ostensivamente que o ser humano estivesse necessariamente condenado ao mal ou ao bem, e predestinado sempre ao vício ou à virtude, à infelicidade ou à felicidade eterna. É bem verdade que essa fatalidade cruel parecia frequentemente decorrer de seus princípios, como uma consequência inevitável, e que seus adversários neles a censuravam. Mas quase todos a rejeitavam como uma injúria ou uma falsa interpretação de seus sistemas. O primeiro que deu lugar a essa acusação nos tempos antigos foi um certo Mosco, filósofo fenício que, segundo Estrabão, viveu anteriormente à época em que se situa a guer-

---

84. Hiérocles, *Aurea carm.*, v. 10 e 11.
\*. *Hípias menor*. (N.T.)

ra de Troia, isto é, cerca de doze ou treze séculos antes de nossa era.[85] Tendo esse filósofo se afastado da doutrina teosófica, a única conhecida em seu tempo, e tendo procurado a razão das coisas nas próprias coisas, talvez possa ser considerado como o verdadeiro fundador da física: fez, primeiramente, abstração da Divindade e da inteligência, e sustentou que o universo existente por si mesmo era composto de partículas indivisíveis que, dotadas de figuras e de movimentos diversos, por suas combinações fortuitas produziam uma série infinita de seres que se geram, se destroem, se renovam incessantemente. Essas partículas, que os gregos chamaram de átomos[86] devido a sua indivisibilidade, constituíram o sistema particular que ainda ostenta esse nome. Leucipo, Demócrito, Epicuro adotaram-no, a ele acrescendo suas próprias ideias; e Lucrécio, o tendo naturalizado entre os romanos, favoreceu sua passagem até estes tempos modernos, quando tudo que fez a maioria de nossos filósofos foi renová-lo sob outras formas.[87] Não há seguramente nenhum sistema de que a necessidade fatal de todas as coisas emerja mais inevitavelmente do que esse dos átomos; assim, é certo que Demócrito foi acusado de admitir um destino necessário,[88] ainda que atribuísse, como Leibniz, a cada átomo uma natureza animada sensitiva.[89] Não se sabe se respondeu a essa acusação, mas dispomos de provas seguras de que Epicuro, que tinha menos direito do que ele de repelir a necessidade fatal, uma vez que considerava os átomos como absolutamente inanimados,[90] entretanto, a repeliu, e que não desejando admitir um dogma subversivo de toda moral, declarou-se contra ele e ensinou a liberdade do ser humano.[91]

O que há de particular é que essa fatalidade que parecia ligada ao sistema atomista, de onde os promotores materialistas, fiéis ao seu

---

85. Estrabão, L. XVI, p. 512. Sexto Empírico, *Adv. Math.* p. 367.
86. Átomo, em grego ἄτομος, é formado pela palavra τόμος, *parte*, à qual é adicionado o α privativo.
87. Huet. *Cens. Phil. Cartesian.* c. 8. p. 213. Se examinarmos bem os sistemas de Descartes, de Leibniz e de Newton, veremos que em última análise eles se reduzem ou aos átomos, ou às forças inerentes que os movem.
88. Cícero, *De Fato,* c. 17.
89. Santo Agostinho, *Epist.* 56.
90. Ibid.
91. Cícero, *De Natur. Deor.* L. I, c. 19; *quæst. Acad.* L. IV, c. 13; *De Fato,* c. 9.

princípio, baniram a influência da Providência divina,[92] decorria mais naturalmente ainda do sistema oposto, no qual os filósofos espiritualistas admitiam essa Providência em toda a extensão de seu poder. Segundo esse último sistema, uma única e mesma substância espiritual preenchia o universo, e mediante suas diversas modificações nele produzia todos os fenômenos dos quais são afetados os sentidos. Parmênides, Melisso e Zenão de Eleia que o adotaram, o sustentaram muito exitosamente: sustentavam que a matéria não passa de uma pura ilusão, que não há quaisquer coisas nas coisas, que os corpos e todos seus acidentes não passam de puras aparências, e que assim nada existe realmente fora do espírito.[93] Principalmente Zenão de Eleia, que negava a existência do movimento, valia-se contra essa existência de objetivos de supressão muito difícil.[94] Os filósofos estoicos apegaram-se mais ou menos fortemente a essa opinião. Crísipo, uma das mais firmes colunas do Pórtico, ensinava que Deus é a alma do mundo, e o mundo, a extensão universal dessa alma. Dizia que por Júpiter* é preciso entender a lei eterna, a necessidade fatal, a verdade imutável de todas as coisas futuras.[95] Ora, é evidente que se, de acordo com a expressão vigorosa de Sêneca, esse princípio único do universo ordenou uma vez para obedecer sempre ao seu próprio comando,[96] os estoicos não podiam evitar a censura que lhes era dirigida de admitir a fatalidade mais absoluta, pois não sendo a alma humana, segundo eles, senão uma porção da Divindade, suas ações não podem ter outras causas senão o próprio Deus que as quis.[97] Contudo, Crísipo repelia a censura da mesma maneira que Epicuro; sustentava sempre a liberdade do ser humano, a despeito

---

92. Diógenes Laércio, L. X, par. 123. Cícero, *De Natur. Deor.*, L. I, c. 30.
93. Sêneca, *Epist.* 88. Sexto Empírico, *Adv. Math.*, L. VII, c. 2, Aristóteles, *Metafísica* [Obra publicada em *Clássicos Edipro.* (N.E.)], L. III, c. 4.
94. Aristóteles, *Física,* L. VI, c. 9. Ver Bayle, *Dict. crit.* art. *Zénon* (Zenão), obs. F.
*. Zeus. (N.T.)
95. Cícero, *De Natur. Deor.* L. I, c. 15.
96. *Semel jussit, semper paret,* disse Sêneca. As leis que Deus prescreveu a si mesmo, acrescenta, ele não poderia revogá-las porque foram ditadas por suas próprias perfeições, e que o mesmo plano, o mesmo desígnio o tendo agradado uma vez, deve agradá-lo eternamente. (Sêneca, *Præf. ad. Quæst. nat.*).
97. Cícero, *De Fato*, cap. 17.

da força irresistível que admitia na causa única;[98] e o que parecia uma evidente contradição, ensinava que a alma só peca pelo impulso de sua própria vontade, e que assim ninguém deve se dispor a desculpar-se de suas faltas com base no destino.[99]

Mas basta refletir um momento acerca da natureza dos princípios enunciados por Epicuro, por Crísipo e por todos aqueles que os haviam precedido ou que a eles se sucederam em suas opiniões divergentes, para constatar que as conclusões tiradas por seus adversários eram corretas e que estavam incapacitados de refutá-las sem se contradizerem.[100] Todas as ocasiões em que pretendemos e que pretendermos no futuro dar fundamento ao universo com base na existência de uma só natureza material ou espiritual, e fazer resultar dessa única natureza a explicação de todos os fenômenos, nos expomos e nos exporemos a dificuldades insuperáveis. É sempre indagando qual é a origem do bem e do mal que se fez irresistivelmente desmoronar todos os sistemas desse gênero, de Mosco, Leucipo e Epicuro a Espinosa e Leibniz; de Parmênides, Zenão de Eleia e Crísipo a Berkeley e Kant. Com efeito, que não nos enganemos quanto a isso, a solução do problema sobre o livre-arbítrio depende do prévio conhecimento da origem do mal; enquanto não pudermos responder com clareza à pergunta *qual a origem do mal?* não poderemos tampouco responder a esta outra: é o ser humano livre? E que não nos enganemos também quanto ao seguinte: se o conhecimento da origem do mal foi adquirido, jamais foi abertamente divulgado: foi profundamente sepultado com aquele da unidade de Deus nos mistérios antigos, e destes só saiu envolvido num véu triplo. Os iniciados impunham-se um silêncio severo a respeito do que denominavam os sofrimentos de Deus,[101] sua morte, sua descida aos infernos e sua ressurreição.[102] Sabiam que a serpente era em geral o símbolo do mal e que era sob essa forma que

---

98. Cícero, ibid., c. 9.
99. Aulo Gélio, L. VI, c. 2.
100. Cícero, *De Natur. Deor.*, L. I, c. 9. Plutarco, *De Repug. stoïc.* Diogeniano *apud* Eusébio. *Præp. Evan.* L. VI, c. 8.
101. Heródoto, *Euterp.* par. 171. Julian Firm., *De Error, prof.* p. 45.
102. Meurs. *Græc. Feriat.* L. I. Plutarco *in Alcibiad.* Porfirio, *De Abst.* L. II, par. 36, Eusébio, *Præp. Evan.* L. I, c. 1 Schol. Apol. L. I, v. 917. Pausânias, *Corinth.* p. 73.

Píton* combatera e primeiramente despedaçara Apolo.[103] Os teósofos não produziam um dogma público da unidade de Deus precisamente por causa da explicação que teria sido necessário dar da origem do bem e do mal, uma vez que sem essa explicação, o dogma em si mesmo teria sido incompreensível. Moisés o compreendeu perfeitamente, e no propósito por ele concebido de imprimir no povo do qual era legislador um caráter tão extraordinário quanto indelével, fundando seu culto na publicidade de um dogma até então oculto no recôndito dos santuários e reservado exclusivamente aos iniciados, não hesitou em divulgar o que sabia no tocante à criação do mundo e à origem do mal. É verdade que a maneira em que o fez cobria, sob uma simplicidade e uma clareza aparentes, uma profundidade e uma obscuridade quase insondáveis. Mas a forma que conferia a esse temível mistério bastava para apoiar junto ao vulgo o dogma da unidade de Deus, e isto era tudo que ele queria.

Ora, faz parte da essência da teosofia ser dogmática, como faz parte da essência da física ser cética: o teósofo fala à fé, o físico à razão; a doutrina de um exclui a discussão que o sistema do outro admite e, inclusive, necessita. Até então a teosofia dominante sobre a Terra ensinara a influência da vontade, e a tradição que dela era conservada em todas as nações do mundo durante uma sucessão incalculável de séculos outorgava-lhe a força de uma demonstração. Entre os indianos, Krishna; entre os persas, Zoroastro; na China, Kong-Tse; no Egito, Thoth; entre os gregos, Orfeu; o próprio Odin no seio da Escandinávia; em toda parte os legisladores dos povos tinham ligado a liberdade humana ao dogma consolador da Providência divina.[104] Os povos acos-

---

\*.   Grego, Πύθων (nominativo singular): nome da grande *serpente* (ou *dragão* [δράκων]) que vivia em Delfos, morta pelo deus Apolo (deus associado à profecia, à luz, à arte do arco, à arte da cura e à música). A aparente inversão ou anteposição do autor ocorre por conta de sua interpretação. (N.T.)

103.   Porfírio, *Vita Pythag.* p. 107.

104.   A doutrina de Krishna acha-se especialmente consignada no *Bhagavad Gita*, um dos mais estimados *puranas* dos brâmanes. Encontra-se no *Zend Avesta* e no *Bun-Dehesh* a de Zoroastro. Os chineses têm o *Tchun Tsieu* de Kong-Tse, monumento histórico elevado à glória da Providência. Temos no *Pœmander* e no *Asclepius* as ideias de Thoth. O Livro de Sinésio sobre a Providência contém os dogmas dos mistérios. Enfim, pode-se consultar depois do *Edda* o discurso sublime de Odin intitulado *Havamal*. O fundo de todas essas obras é o mesmo.

tumados a reverenciar no politeísmo uma miríade de deuses e não sua unidade, não julgavam estranho serem guiados, protegidos e supervisionados de uma parte, enquanto permaneciam, de outra, livres em seus movimentos; não se preocupavam em descobrir a fonte do bem e do mal porque a viam nos objetos de seu culto nesses mesmos deuses, cuja maioria não sendo nem essencialmente boa, nem essencialmente má, supunha-se que lhes inspiravam as virtudes ou os vícios que, livremente acolhidos por eles, tornavam-nos dignos de recompensa ou de castigo.[105] Mas quando surgiu a física,* esta mudou a face das coisas. Os físicos,** substituindo pela observação da natureza e pela experiência a contemplação mental e a inspiração dos teósofos, tiveram a pretensão de tornar visível o que era inteligível, e prometeram fundar em provas factuais e racionais tudo o que até então contara apenas com provas baseadas em sentimento e analogia. Desenterraram o grande mistério da unidade universal, e transformando essa unidade intelectual em substância corpórea, colocaram-na na água,[106] no espaço infinito,[107] no ar,[108] no fogo,[109] de onde extraíram sucessivamente a existência essencial e formal de todas as coisas. Uns, adeptos da escola jônica, formulavam como máxima fundamental que há somente um princípio de tudo, enquanto os outros, adeptos da escola eleata, partiam do axioma de que

---

105. Isto, como eu o disse em minha ANÁLISE 2, deve-se entender apenas com relação ao vulgo. O sábio e o iniciado reconduziam facilmente à unidade essa infinidade de deuses, e conheciam ou buscavam a origem do mal, sem cujo conhecimento a unidade divina é inexplicável.

*. Ou *filosofia da natureza*. O autor se refere à filosofia jônica (nascimento oficial da filosofia ocidental na Grécia antiga), surgida em torno do século VI a.C., que tinha como objeto a investigação de um único princípio originário na natureza (φύσις) do qual houvesse derivado todas as coisas. (N.T.)

**. Em grego οἱ φυσικοί ou οἱ φυσιολόγοι (nominativo plural). (N.T.)

106. Tales, citado por Platão, *A República* [Obra publicada em *Clássicos Edipro*. (N.E.)], L. X. Aristóteles, *Metafísica*, L. III. Cícero, *Acad. Quæst.* IV. c. 37.

107. Anaximandro, citado por Aristóteles, *Física*, L. I. Sexto Empírico, *Hipotises pirroneanas*, III.

108. Anaxímenes, citado por Aristóteles, *Metafísica*, L. I, c. 3. Plutarco, *De Placit. Phil.* I, 3.

109. Heráclito, citado por Platão, *Teeteto* [Presente em *Diálogos I*, obra publicada em *Clássicos Edipro*. (N.E.)] Aristóteles, *Metafísica*, L. I, c. 6. Sexto Empírico, *Adv. Math.* L. VII.

nada se faz de nada.¹¹⁰ Os primeiros buscavam o *como* e os segundos o *porquê* das coisas,* e todos concordavam em dizer que não há efeito sem causa. Seus diversos sistemas, baseados em princípios racionais que pareciam incontestáveis, e apoiados por uma série de conclusões imponentes, tiveram de início um êxito prodigioso; esse brilho, entretanto, empalideceu consideravelmente quando logo os discípulos de Pitágoras e, pouco depois, os de Sócrates e de Platão, tendo recebido de seus mestres a tradição teosófica, vieram deter esses físicos sofísticos** em meio aos seus triunfos, e ao indagar-lhes a causa do mal físico e do mal moral, a eles provaram que o ignoravam; e que, não importa de que modo a deduzissem de seus sistemas, não podiam esquivar-se a estabelecer uma fatalidade absoluta destrutiva da liberdade humana, a qual, suprimindo a moralidade das ações, confundindo vício e virtude, ignorância e sabedoria, limita-se a fazer do universo um caos assustador.*** Empenhando-se eles inutilmente em repelir a reprovação e sustentar a falsidade de tal conclusão, seus adversários, perseguindo-os em seu próprio terreno, exclamavam a eles: Se é bom o princípio admitido por vós, como explicar serem os seres humanos maus e miseráveis?¹¹¹ Se esse princípio único é mau, qual a origem dos bens e das virtudes?¹¹² Se a natureza é a expressão desse princípio único, como não é ela estável e por que dissemina sua administração de bens e de males?¹¹³

---

110. Dégérando, *Hist. des Syst. de Phil.,* t. III, p. 283. Aristóteles, *Metafísica,* L. I, c. 6. Diógenes Laércio, L. IX, c. 19.
*.   Na verdade, os filósofos da escola de Eleia (Xenófanes de Colofon, Parmênides de Eleia, Melisso de Samos, Zenão de Eleia e Górgias de Leontini) não são, em rigor, filósofos da natureza (*físicos*), pois não buscam um princípio (ἀρχή) na natureza, base primordial da formação de todas as coisas. Seria mais apropriado, talvez, classificá-los como *metafísicos*, pois é com Parmênides de Eleia, no seio da filosofia, que se insinua pela primeira vez a investigação dos seres (τὰ ὄντα), ou seja, a questão ontológica. (N.T.)
**.  De fato, Zenão de Eleia pode ser considerado precursor dos sofistas; quanto a Górgias de Leontini, ele próprio foi um grande sofista. (N.T.)
***. Com Sócrates de Atenas (470-399 a.C.) o objeto fundamental da filosofia passa a ser a conduta (πρᾶξις) do ser humano, com a priorização da ética relativamente à física e à metafísica (ontologia). (N.T.)
111. Cícero, *De Natur. Deor.* L. I, c. 9.
112. Boécio, *De Consol.,* L. I, prosa 4.
113. Plutarco, *Adv. Stoïc.,* p. 1.075.

Os materialistas recorriam em vão a um certo desvio nos átomos,[114] e os espiritualistas a uma certa causa adjuvante bastante semelhante à graça eficaz;[115] os teósofos não os poupavam até que fossem encerrados num círculo vicioso, fazendo-os confessar ora que o princípio único e onipotente não pode refletir a tudo,[116] ora que o vício é útil e que sem ele não haveria virtude,[117] paradoxos cujo absurdo e consequências revoltantes eles não tinham dificuldade de mostrar.[118]

Percorrei todas as nações do mundo, folheai todos os livros que vos agradar e jamais encontrareis a liberdade do ser humano, o livro arbítrio de suas ações, a influência de sua vontade sobre suas paixões exceto exclusivamente na tradição teosófica. Em todo lugar em que vereis sistemas físicos ou metafísicos, doutrinas dos mais variados tipos, que têm por fundamento um princípio único do universo material ou espiritual, vossa arrojada conclusão será que seu resultado é a fatalidade absoluta e que seus autores acham-se na necessidade de fazer uma de duas coisas: ou explicar a origem do bem e do mal, o que é para eles impossível; ou estabelecer o livre-arbítrio *a priori*, o que constitui uma contradição evidente de seus raciocínios. Se apreciais penetrar as profundidades metafísicas, examinai esse ponto decisivo sobre essa matéria. Moisés fundou seu culto na unidade de Deus e explicou a origem do mal. Mas se viu forçado, devido à própria natureza desse mistério temível, a envolver sua explicação com um tal véu que permaneceu impenetrável para todos os que dela não receberam a revelação tradicional, de modo que a liberdade humana somente subsistiu em seu culto graças à tradição teosófica, e que se debilitou e desapareceu inteiramente com essa mesma tradição: é o que provam as duas seitas opostas dos fariseus e dos saduceus que a dividiram.[119] Os primeiros, ligados à tradição e interpretando alegoricamente

---

114. Cícero, *De Fato*, c. 10. Lucrécio, L. II, v. 216, 251, 284.
115. Cícero, *De Fato*, c. 9 e 17. Diogeniano, *apud* Eusébio, *Præp. Evan.* L. VI, c. 8.
116. Cícero, *De Natur. Deor.* L. III, c. 38 e 39.
117. Aulo Gélio. L. VI, c. 1.
118. Plutarco, *Adv. Stoïc.*
119. O nome dado à seita dos fariseus significa genericamente o que é esclarecido, iluminado, glorificado, ilustrado. Deriva da raiz אזר (*aor*), a luz regida pelo artigo פה (*fe*), que exprime a grandiloquência; daí פאר (*fær*) uma auréola, uma tiara, e פרתמים (*farethmim*), os homens ilustrados, sublimes. O nome dado à seita dos saduceus deriva da palavra שד (*shad*), a qual, exprimindo toda difusão, toda propagação,

o texto do *Sefer*[120], admitiam o livre-arbítrio;[121] os segundos, ao contrário a rejeitando, e acatando o sentido literal, estabeleciam um destino inexorável ao qual tudo estava submetido. Os hebreus mais ortodoxos e mesmo aqueles que passavam por videntes e profetas da nação, não tinham nenhuma dificuldade de atribuir a Deus a causa do mal.[122] Disso estavam evidentemente autorizados com base na história da queda do primeiro homem e com base no dogma do pecado original, que entendiam segundo o sentido que o vulgo a isso vinculava. É por isso que sucedeu que, após o estabelecimento do cristianismo e do islamismo, esse dogma, recebido por ambos esses cultos em todo seu alcance e toda sua obscuridade literal, conduziu necessariamente à predestinação, que não é, diferentemente nomeada, outra coisa senão a fatalidade dos antigos. Maomé, mais entusiasta do que sábio, e mais dotado de imaginação do que de razão, não vacilou um momento em admiti-la como um resultado inevitável da unidade de Deus, que ele anunciava de acordo com Moisés.[123] É verdade que alguns doutores cristãos, quando foram capazes de compreender as

---

aplica-se à natureza produtiva em geral, e particularmente a uma mama, seu símbolo entre os egípcios; significa propriamente os físicos, ou os naturalistas.
120. O nome original do livro de Moisés é ספר (*sefer*): o nome *Bíblia* que lhe damos deriva do grego βίβλος, adotado pela tradução dita dos *Setenta*. [Tanto o nome hebraico quanto o grego significam *livro*, inicialmente, por exemplo, sob a forma do rolo de papiro. Parece, porém, que o autor não se refere à Bíblia (Velho [Antigo] Testamento mais o Novo), mas apenas aos cinco primeiros Livros (Pentateuco) do Velho Testamento atribuídos a Moisés, ou, mais especificamente, ao primeiro (Gênesis). Ver nota do tradutor na p. 170. (N.T.)]
121. Joseph, *Antiq.* L. XII, c. 22, L. XIII, c. 9 e 23, L. XVII, c. 3. Budd, *Introd. ad Phil. hebr.* Basnage, *Histoire des Juifs*, t. I.
122. Isto com base num grande número de passagens, entre as quais basta citar as que se seguem. Encontramos em Amós, cap. III, v. 6: "Acontece numa cidade alguma infelicidade da qual não seja Jhoah o autor?". E em Ezequiel, cap. XXI, v. 3: "Assim, diz Jhoah, elevar-me-ei contra ti, Israel, desembainharei minha espada, ferirei o justo e o injusto... o justo e o injusto... do sul ao norte... para que toda natureza humana saiba que eu... Jhoah, desembainhei a espada".
123. Maomé dizia de si mesmo que não possuía os tesouros celestes, que ignorava os mistérios, que nada podia dizer da essência da alma (*Corão*, cap. 6 e 17); e como admitia literalmente o texto do *Sefer*, sua ação não podia ser outra senão anunciar a predestinação. "Deus, dizia, tem em suas mãos as chaves do futuro. Só ele o conhece... As nações não poderiam recuar nem avançar o instante de sua queda (*Corão*, cap. 6 e 23).

consequências disso, negaram essa predestinação e quiseram, seja entendendo alegoricamente o dogma do pecado original, como Orígenes, seja o rejeitando absolutamente, como Pelágio, estabelecer o livre-arbítrio e o poder da vontade; é, porém, fácil perceber ao ler a história da Igreja que os cristãos mais rígidos, tais como Santo Agostinho e a própria autoridade eclesiástica, sustentaram sempre a predestinação como necessariamente decorrente da onipotência e da presciência divinas, sem as quais não existe unidade. A extensão desta análise força-me a suspender as provas que ia fornecer dessa última asserção. Mas voltarei a esse ponto mais adiante.

[8]
Sê sóbrio, ativo e casto; evita a cólera.
Pública ou privadamente jamais te permitas
Nenhuma vileza; e, sobretudo, respeita a ti mesmo.

Pitágoras considerava o ser humano sob três modificações principais, como o universo; e eis a razão de ter dado ao ser humano o nome de microcosmo ou pequeno mundo.[124] Nada mais comum entre as nações antigas do que comparar o universo a um grande ser humano e este a um pequeno universo.[125] O universo considerado como um grande Todo animado, composto de inteligência, alma e corpo era chamado de Pan ou Fanes.[126-127] O homem, ou o microcosmo, era composto igualmente, mas de uma maneira inversa, de corpo, alma e inteligência; e cada uma dessas três partes era, por sua vez, considerada sob três modificações, de modo que o ternário imperando no todo, imperava igualmente na menor de suas subdivisões. Cada ternário, daquele que abarcava a imensidade até aquele que constituía o mais débil indivíduo,

---

124. *Vita Pythag.* Fócio, *Bibl. Cod.* 259.
125. Kirker, *Œdip.* t. I, p. 411. *Edda Island. Fabl.* Macróbio, *Saturn.* L. I, c. 20.
126. Plotino, *Ennead.* III. L. 2. Eusébio, *Præp. Evan.* L. III, c. 9. Macróbio, *Somn. Scip.* L. II, c. 12, Marco Aurélio, L. IV, c. 34.
127. Pan, em grego Πᾶν, significa Todo, e Fanes deriva da palavra fenícia אנש (*anesh*), homem, precedida do artigo enfático פ (*f*). Necessário observar que esses dois nomes surgem a partir da mesma raiz אן (*an*) que, num sentido figurado, exprime a esfera de atividade; e num sentido próprio, a circunscrição do ser, seu corpo, sua capacidade. Daí אני (*ani*), eu e אניה (*aniha*), navio.

estava compreendido, segundo Pitágoras, numa unidade absoluta ou relativa e formava assim, como eu já o disse, o quaternário ou a tétrada sagrada dos pitagóricos. Esse quaternário era universal ou particular. Pitágoras não era, ademais, o inventor dessa doutrina: estava difundida da China ao extremo da Escandinávia.[128] Encontramo-la expressa elegantemente nos oráculos de Zoroastro.[129]

> O ternário em toda parte brilha no universo,
> E a mônada é seu princípio.

Assim, segundo essa doutrina, o ser humano, considerado como uma unidade relativa contida na unidade absoluta do grande Todo se oferecia como o ternário universal, sob as três modificações principais de corpo, de alma e de espírito ou inteligência. A alma, como sede das paixões, se apresentava, por sua vez, sob as três faculdades da alma racional, irascível ou apetitiva. Ora, segundo Pitágoras, o vício da faculdade apetitiva da alma era a intemperança ou a avareza; o da faculdade irascível era a covardia, enquanto o da faculdade racional era a loucura. O vício que abrangia essas três faculdades era a injustiça. Para evitar esses vícios, o filósofo recomendava quatro virtudes principais aos seus discípulos: a temperança para a faculdade apetitiva, a coragem para a faculdade irascível, a prudência para a faculdade racional; e para essas três faculdades juntas a justiça, considerada por ele a mais perfeita das virtudes da alma.[130] Digo da alma porque o corpo e a inteligência se desenvolvendo igualmente por meio de três faculdades instintivas ou espirituais, eram tal como a alma, suscetíveis de vícios e de virtudes que lhes eram próprias.

[9]
Reflete antes de falar e agir.
Sê justo.

Pelos versos precedentes Lísis, falando em nome de Pitágoras, recomendara a temperança e a atividade; prescrevera, em particular, a vigilância da faculdade irascível e a moderação de seus excessos; por estes,

---

128. *Mém. concern. les Chinois.* t. II, p. 174 ss. *Edda Island.* Beausobre, *Hist. du Manich.* t. II, p. 784. Bœhme, *De la triple Vie de l'Homme*, c. IX, par. 35 ss.
129. Παντί ἐν Κόσμῳ λάμπει τρίας ἧς Μόνας ἀρχή. Zuroust Oracul.
130. Hiérocles, *Aurea carm.* v. 14.

ele indica o caráter próprio da prudência, que é a reflexão, e impõe a obrigação de ser justo, vinculando da maneira mais enérgica a ideia da justiça àquela da morte, tal como se vê nos versos que se seguem:

[10]
Lembra-te que um poder invencível
Determina nossa morte;

Quer dizer, lembra-te que a necessidade fatal à qual estás submetido relativamente à parte material e mortal de ti mesmo, conforme a sentença dos antigos sábios,[131] atingirá a ti precisamente nos objetos de tua cupidez, de tua intemperança, nas coisas que terão excitado tua loucura, bajulado tua covardia; lembra-te que a morte destruirá os frágeis instrumentos de tua cólera, extinguirá os tições que ela terá acendido; lembra-te, enfim,

[11]
...que os bens, as honras
De fácil aquisição são de fácil perda.

Sê justo: a injustiça frequentemente proporciona triunfos fáceis. Mas o que resta após a morte dos bens por ela obtidos? Nada senão a recordação amarga de sua privação e a nudez de um vício vergonhoso descoberto e reduzido à impotência.

Movi-me rapidamente na explicação dos versos precedentes porque a moral neles contida, fundada em provas de base emocional, não é suscetível de receber outras. Não sei se já foi feita essa reflexão simples, mas em todos os casos ela deve acarretar uma mais complicada, e servir para encontrar a razão do acordo surpreendente que reina e que sempre reinou entre todos os povos da Terra no que diz respeito à moral. Pôde-se divergir sobre os objetos de raciocínio e de opinião, variar de mil maneiras sobre aqueles do gosto, disputar sobre as formas de culto, sobre os dogmas do ensinamento, sobre as bases da ciência, construir uma infinidade de sistemas de psicologia e de física, mas jamais se pôde, sem mentir à própria consciência, negar a verdade e a universali-

---

131. Hermes Trismegistos, *in Pœmand*.

dade da moral. A temperança, a prudência, a coragem, a justiça sempre foram consideradas como virtudes, e a avareza, a loucura, a covardia e a injustiça como vícios, e isto sem a mínima discussão. Nunca nenhum legislador declarou que fosse necessário ser mau filho, mau amigo, mau cidadão, invejoso, ingrato, perjuro. Os homens mais atingidos por esses vícios sempre os abominaram nos outros, neles os dissimularam, e sua própria hipocrisia constituiu uma nova homenagem prestada à moral.

Se alguns sectários, cegos devido a um falso zelo e, ademais, ignorantes e intolerantes por sistema, divulgaram que os cultos diferentes dos seus careciam de moral, ou admitiam uma moral impura, é ou por desconhecerem os verdadeiros princípios da moral, ou porque os caluniavam. Os princípios são idênticos em toda parte; somente sua aplicação é mais ou menos rígida, e suas consequências são mais ou menos aplicadas, segundo os tempos, os lugares e os homens. Os cristãos gabam-se, e com razão, da pureza, da santidade de sua moral, mas se for o caso de usarmos de franqueza com eles, diremos que nada possuem em seus livros sagrados que não encontremos também enfaticamente expresso nos livros sagrados das outras nações, e frequentemente inclusive, conforme dizem os viajantes imparciais, que não se constata ser muito melhor praticado. A bela máxima relativa ao perdão das ofensas[132] acha-se, por exemplo, absolutamente inteira no *Zend Avesta*. "Se o homem a vós irrita por seus pensamentos, por suas palavras ou por suas ações, aí está dito, ó Deus!... maior do que tudo que é grande, e se humilha ante vós, a ele perdoai; do mesmo modo que se o homem a mim irrita por seus pensamentos, por suas palavras ou por suas ações, eu o perdoo."[133] Encontra-se no mesmo livro o preceito da caridade, tal como é praticado entre os muçulmanos, e aquele da agricultura classificada entre as virtudes, como entre os chineses. "O rei a quem amais, o que desejais que ele faça, Ormuzd? Desejais que, como vós, ele alimente os pobres?"[134] "O ponto mais puro da lei é semear a terra. Aquele que semeia grãos e o realiza com pureza, é tão grande diante de mim como aquele que celebra dez mil adorações..."[135]

---

132. *Evangelho de São Mateus*, cap. 18.
133. *Vendidad Sadé*, p. 89.
134. 34º *hâ*, p. 174.
135. 3º *fargard*, p. 284.

"...Tornai a terra fértil, cobri-a de flores e de frutos; multiplicai as fontes onde a erva está ausente."[136] Essa mesma máxima do perdão das ofensas e as que ordenam restituir em bem o mal recebido e fazer aos outros o que desejaríamos que a nós fizessem são achadas em muitos escritos orientais. Lê-se nos dísticos de Hafiz esta bela passagem: "Aprende com a concha dos mares a amar teu inimigo e a encher de pérolas a mão estendida para te prejudicar. Não sejas menos generoso do que o duro rochedo; faz resplender de pedras preciosas o braço que dilacera teus flancos. Vês ali esta árvore atingida por uma nuvem de seixos? Tudo que deixa cair sobre aqueles que os arremessam são frutos deliciosos ou flores perfumadas. A voz da natureza inteira nos clama: será o ser humano o único a recusar curar a mão que se machucou ao feri-lo?... a abençoar aquele que o ultraja?"[137] O preceito evangélico, parafraseado por Hafiz encontra-se em substância num discurso de Lísias; é expresso distintamente por Tales e Pítaco; Kong-Tse* o ministra nas mesmas palavras que Jesus. Enfim, pode-se encontrar no *Arya,* escrito há mais de três séculos antes de nossa era, os seguintes versos que parecem feitos expressamente para inculcar a máxima e descrever a morte do justo que a ditou a nós:[138]

> O homem de bem, tranquilo no momento em que expira,
> Dirige um olhar religioso aos seus carrascos,
> E bendiz até o braço que produz seu martírio:
> Tal como a árvore de sândalo que comove um furioso,
> Cobre com seus perfumes o ferro que a despedaça.

Interrogai os povos do polo boreal aos extremos da Ásia e lhes perguntai o que pensam da virtude. Responderão, como Zenão, que é tudo que há de bom e de belo; os escandinavos, discípulos de Odin, vos mostrarão o *Havamal,* discurso sublime de seu antigo legislador, no qual a hospitalidade, o amor, a justiça, a coragem lhes são expressamente recomendadas:[139] sabereis por tradição que os celtas possuíam versos

---

136. *Jeshts Sadés,* p. 151.
137. Hafiz, citado pelos autores das *Recherches asiatiques* t. IV, p. 167.
*. Confúcio. (N.T.)
138. L'*Arya,* citado como anteriormente.
139. *Edda Island, Havamal.*

sagrados de seus druidas, onde a devoção, a justiça, a coragem eram celebradas como virtudes nacionais:[140] vereis nos livros conservados sob o nome de Hermes[141] que os egípcios acatavam em matéria de moral as mesmas ideias que os indianos, seus antigos preceptores; e essas ideias, conservadas ainda no *Dherma Shastra*[142], vos impressionarão nos *Kings* dos chineses. É aí, nesses livros sagrados, cuja origem se perde na noite dos tempos,[143] que encontrareis à sua origem as mais sublimes máximas de Fo-Hi, de Krishna, de Thoth, de Zoroastro, de Pitágoras, de Sócrates e de Jesus. A moral, eu o repito, é em todo lugar a mesma: por esta razão que não é com base em seus princípios escritos que se deve julgar a perfeição do culto, como foi feito irrefletidamente, mas com base em sua aplicação prática. Essa aplicação, de onde decorre o espírito nacional, depende da pureza dos dogmas religiosos, da sublimidade dos mistérios, e de sua maior ou menor afinidade com a verdade universal, que é a alma, aparente ou oculta, de toda religião.

[12]
E quanto aos males que acarreta consigo o destino,
Avalia o que são: suporta-os e empenha-te,
Tanto quanto puderes em abrandar suas marcas:
Os deuses aos mais cruéis não entregaram os sábios.

Eu disse que Pitágoras admitia dois móveis das ações humanas, nomeadamente o poder da vontade e a necessidade do destino, e que submetia ambos esses móveis a uma lei fundamental denominada Providência, da qual igualmente emanavam. O primeiro deles era livre e o segundo constrangido, de modo que o ser humano se encontrava situado entre duas naturezas opostas, mas não contrárias, indiferentemente boas ou más segundo o uso que delas se sabia fazer. O poder da vontade exercia-se sobre as coisas a fazer ou sobre o futuro; a necessidade do

---

140. Diógenes Laércio *in Prœm.* p. 5.
141. *Pœmander* e *Asclepius*.
142. Trata-se da extensa coletânea da moral dos brâmanes. Nela encontramos muitos dizeres repetidos palavra por palavra como no *Sefer* de Moisés.
143. Faz-se remontar sua antiguidade a três mil anos antes de nossa era. Neles é mencionado um eclipse solar ocorrido durante o ano 2155 a.C.

destino sobre as coisas feitas ou sobre o passado, e alimentavam-se entre si incessantemente trabalhando os materiais que se forneciam reciprocamente; com efeito, segundo esse admirável filósofo, é do passado que nasce o futuro, do futuro que se forma o passado, e da combinação de um e outro que é engendrado o presente sempre existente, do qual extraem igualmente sua origem: ideia profundíssima que os estoicos tinham adotado.[144] Assim, de acordo com essa doutrina, a liberdade impera no futuro, a necessidade no passado e a Providência sobre o presente. Nada daquilo que existe acontece por acaso, mas por força da união da lei fundamental e providencial com a vontade humana que a obedece ou a transgride operando sobre a necessidade.[145] O acordo entre a vontade e a Providência constitui o bem; o mal nasce de sua oposição. O ser humano recebeu para conduzir-se no trajeto que deve percorrer sobre a Terra três forças apropriadas a cada uma das três modificações de seu ser, e todas as três encadeadas a sua vontade. A primeira, vinculada ao corpo, é o instinto; a segunda, devotada à alma, é a virtude; a terceira, pertencente à inteligência, é a ciência ou a sabedoria. Essas três forças, em si mesmas indiferentes, só assumem o nome que possuem em função do bom uso que a vontade delas faz, pois no caso de mau uso degeneram em embrutecimento, vício e ignorância. O instinto percebe o bem ou o mal físico que resultam da sensação; a virtude conhece o bem e o mal morais existentes no sentimento; a ciência julga o bem ou o mal inteligíveis que nascem do assentimento. Na sensação, o bem e o mal são denominados prazer ou dor; no sentimento, amor ou ódio; no assentimento, verdade ou erro. A sensação, o sentimento e o assentimento, residindo no corpo, na alma e na inteligência, formam um ternário que, se desenvolvendo a favor de uma unidade relativa, constitui o quaternário humano, ou o ser humano considerado abstratamente. As três afecções que compõem esse ternário agem e reagem umas sobre as outras e produzem esclarecimento ou obscurecimento mútuo; e a unidade que as liga, isto é, o ser humano, aperfeiçoa-se ou corrompe-se dependendo de ela tender a se confundir com a unidade universal ou desta se distinguir. O meio que ela possui de se confundir

---

144. Sêneca, *De Sen.* L. VI, c. 2.
145. Hiérocles, *Aurea carm.* v. 18.

com a unidade universal ou dela se distinguir, dela se aproximar ou se distanciar reside inteiramente em sua vontade, que, pelo uso que faz dos instrumentos a ela fornecidos pelo corpo, pela alma e pela inteligência torna-se instintiva ou se embrutece, se torna virtuosa ou viciosa, sábia ou ignorante e se coloca em condição de perceber com mais ou menos energia, de conhecer e julgar com mais ou menos correção o que há de bom, de belo e de justo na sensação, no sentimento ou no assentimento; de distinguir com maior ou menor força e luzes, o bem e o mal; e de não se enganar, enfim, naquilo que é realmente prazer ou dor, amor ou ódio, verdade ou erro.

Percebe-se bem que a doutrina metafísica que acabo de expor brevemente não se acha tão nitidamente expressa em nenhum lugar e que, desse modo, não posso apoiá-la em nenhuma autoridade direta. É só partindo dos princípios enunciados nos *Versos Dourados*, e meditando por muito tempo sobre o que foi escrito de Pitágoras que se pode dela conceber o conjunto. Tendo sido os discípulos desse filósofo, inclusive, extremamente discretos e com frequência obscuros, não se pode apreciar bem as opiniões de seu mestre a não ser as esclarecendo com base naquelas dos platônicos e dos estoicos, que as adotaram e divulgaram sem nenhuma reserva.[146]

O ser humano, tal como acabo de descrevê-lo conforme a ideia que Pitágoras dele concebera, instalado sob a dominação da Providência entre o passado e o futuro, dotado, por sua essência, de uma vontade livre, e se conduzindo rumo à virtude ou rumo ao vício por sua própria iniciativa, o ser humano, digo, deve conhecer a origem das infelicidades que experimenta necessariamente; e longe de acusar essa mesma Providência por elas, essa mesma Providência que dispensa os bens e os males a cada um segundo seu mérito e suas ações anteriores, não pode atribuí-las senão a si mesmo, se sofre por força de uma decorrência inevitável de suas faltas passadas.[147] Com efeito, Pitágoras admitia muitas

---

146. Jâmblico, *De Vita Pythag*. Porfírio, ibid. e *De Abstin. Vita Pythag. apud* Fócio, *Cod.* 259. Diógenes Laércio *in Pythag*. L. VIII. Hiérocles, *Comment. in Aurea carm*. ibid. *De Provident*. Filostrato *in Vita Apollon*. Plutarco, *De Placit. philos*. ibid. *De Procreat. anim*. Apuleio, *in Florid*. Macróbio, *in Saturn*. e *Somn. Scip*. Fabrício, *Bibl. græc. in Pythag*. Clemente de Alexandria, *Strom*. passim etc.
147. Hiérocles, *Aurea carm*. v. 14. Fócio, *Cod*. 242 e 214.

existências sucessivas[148] e sustentava que o presente que nos aflige e o futuro que nos ameaça são apenas a manifestação do passado que foi nossa obra em tempos anteriores. Dizia que a maioria das pessoas perde, ao retornar à vida, a lembrança dessas existências passadas, mas que em seu caso, devia a um favor particular dos deuses delas conservar a memória.[149] Assim, segundo sua doutrina, essa necessidade fatal, da qual o ser humano não cessa de se queixar, é ele mesmo que criou mediante o emprego de sua vontade; percorre à medida que avança no tempo a estrada que já traçou para si mesmo; e, segundo a modifica em bem ou em mal, nela semeando, por assim dizer, suas virtudes ou seus vícios, ele a reencontrará mais branda ou mais penosa quando chegar a hora de percorrê-la novamente.

Eis os dogmas por meio dos quais Pitágoras estabelecia a necessidade do destino sem prejuízo ao poder da vontade e deixava à Providência seu império universal, sem ser obrigado, ou a atribuir-lhe a origem do mal, como aqueles que admitiam apenas um princípio das coisas, ou a conferir ao mal uma existência absoluta, como aqueles que admitiam dois princípios. Nisso estava ele de acordo com a doutrina antiga, seguida pelos oráculos dos deuses.[150] Os pitagóricos, ademais, não consideravam as dores, isto é, tudo aquilo que aflige o corpo em sua vida mortal, como verdadeiros males; somente classificavam como males verdadeiros os pecados, os vícios, os erros nos quais caímos voluntariamente. Segundo eles, os males físicos e inevitáveis, uma vez ilustrados pela presença da virtude, podiam transformar-se em bens e se tornar expressivos e invejáveis.[151] São esses últimos, dependentes da necessidade, que Lísis recomendava serem julgados pelo que são, quer dizer, considerar uma decorrência inevitável de alguma falta, como o castigo ou o remédio de algum vício; e consequentemente suportá-los, e, longe de agravá-los ainda graças à impaciência e à cólera, abrandá-los, ao

---

148. Diógenes Laércio *in Pythag.*, ibid *in Emped.*
149. Hiérocles, Pont. *apud* Diógenes Laércio, L. VIII, par. 4.
150. Máximo de Tiro compusera uma dissertação sobre a origem do mal na qual sustentava que tendo sido os oráculos fatídicos consultados sobre essa questão, responderam por estes dois versos de Homero: Acusamos os deuses de nossos males; e nós mesmos, / Por nossos próprios erros produzimos todos eles.
151. Hiérocles, *Aurea carm.* v. 18.

contrário, mediante a resignação e a aquiescência da vontade diante do julgamento da Providência. Não proibia, como se vê nos versos citados, atenuá-los por meios lícitos; ao contrário, queria que o sábio se aplicasse no sentido de desviá-los, se pudesse fazê-lo, e curá-los. Dessa maneira, esse filósofo não incorria no excesso legitimamente censurado no caso dos estoicos.[152] Julgava má a dor não porque ela fosse da mesma natureza do vício, mas porque sua natureza purgativa do vício lhe conferia uma decorrência necessária. Platão adotou essa ideia e com sua eloquência ordinária dela fez se reconhecer todas as consequências.[153]

Quanto ao que diz Lísis, sempre de acordo com Pitágoras, que o sábio não estava exposto aos males mais cruéis, isso pode ser entendido, como o entendeu Hiérocles, de um modo simples e natural, ou de um modo mais misterioso que indicarei. Para começar, é evidente, acatando as consequências dos princípios que foram enunciados, que o sábio efetivamente não é entregue aos males mais rudes, uma vez que não agravando mediante seu arrebatamento aqueles que a necessidade do destino a ele inflige, e os suportando com resignação, ele os atenua, vivendo feliz mesmo mergulhado no infortúnio, na firme esperança de que esses males não perturbarão mais seus dias, e certo de que os bens divinos reservados à virtude o aguardam numa outra vida.[154] Hiérocles, após haver exposto essa primeira maneira de explicar o verso de que se trata, toca ligeiramente na segunda dizendo que a vontade humana pode influir na Providência quando, atuando numa alma forte, é assistida pelo céu e com ele opera.[155] Isto era uma parte da doutrina ensinada nos mistérios, da qual se proibia a divulgação aos profanos. Segundo essa doutrina, da qual se pode reconhecer traços bastante incisivos em Platão,[156] a vontade, fortalecida pela fé, podia subjugar a própria necessidade, comandar a natureza e operar milagres. Era o princípio sobre o qual se apoiava a magia dos discípulos de Zoroastro.[157] Jesus, ao dizer

---

152. Plutarco, *De Repug. stoïc.*
153. *In Górgias* e *Filebo* [Obras publicadas em *Clássicos Edipro*. (N.E.)].
154. Hiérocles, *Aurea carm.,* v. 18.
155. Ibid., v. 18, 49 e 62.
156. *In Fédon, Hípias Menor, Teeteto, A República,* L. IV [Obras publicadas em *Clássicos Edipro*. (N.E.)] etc.
157. Hyde: *De Relig. Vet. Pers.*, p. 298.

parabolicamente que por meio da fé se podia sacudir as montanhas,[158] nada fazia senão seguir a tradição teosófica conhecida por todos os sábios. "A retidão do coração e a fé vencem todos os obstáculos, dizia Kong-Tse;[159] todo homem pode se igualar aos sábios e aos heróis cuja memória é reverenciada pelas nações, dizia Meng-Tse; jamais é o poder que falta, mas sim a vontade; desde que queiramos, conseguimos."[160] Essas ideias dos teósofos chineses estão presentes nos escritos dos indianos,[161] e mesmo naqueles de alguns europeus que, como já observei, não possuíam suficiente erudição para serem imitadores. "Quanto maior é a vontade, diz Bœhme, maior é o ser, mais é ele poderosamente inspirado."[162] "A vontade e a liberdade são uma mesma coisa."[163] "É a fonte da luz, a magia que produz algo a partir de nada."[164] "A vontade que toma resolutamente a dianteira é a fé; ela modela sua própria forma em espírito e submete a si todas as coisas; por ela uma alma recebe o poder de transmitir sua influência a uma outra alma e penetrá-la na sua essência mais íntima. Quando atua com Deus, é capaz de derrubar as montanhas, espatifar os rochedos, confundir os complôs dos ímpios, insuflar-lhes a agitação e o terror; é capaz de operar todos os prodígios, comandar os céus, o mar, sujeitar a própria morte. Tudo está a ela submetido. Não é possível indicar nada que ela não possa comandar em nome do Eterno. Tudo que faz a alma que executa essas grandes coisas é

---

158. *Evangelho de São Mateus*, cap. XVII, v. 19. [τότε προσελθόντες οἱ μαθηταὶ τῷ Ἰησοῦ κατ᾽ ἰδίαν εἶπον, Διατί ἡμεῖς οὐκ ἠδυνήθημεν ἐκβαλεῖν αὐτό· ὁ δὲ Ἰησοῦς εἶπεν αὐτοῖς Διὰ τὴν ἀπιστίαν ὑμῶν. ἀμὴν γὰρ λέγω ὑμῖν, ἐὰν ἔχητε πίστιν ὡς κόκκον σινάπεως, ἐρεῖτε τῷ ὄρει τούτῳ, Μετάβηθι ἐντεῦθεν ἐκεῖ, καὶ μεταβήσεται· καὶ οὐδὲν ἀδυνατήσει ὑμῖν. Nossa tradução: Então os discípulos se avizinharam de Jesus e lhe indagaram em particular: Por que não fomos capazes de expulsá-lo? Jesus lhes disse: Por causa de vossa falta de fé. Com efeito, eu vos digo, se tivésseis fé como um grão de mostarda, diríeis a esta montanha: Desloca-te daqui para lá e ela se deslocaria; e nada para vós seria impossível. (N.T.)]
159. *Vie de Kong-Tzée (Confúcio)*, p. 324.
160. Meng-Tse citado por Duhalde, t. II, p. 334.
161. Krishna, *Bhagavad Gita*, Leit. II.
162. XL *Questions sur l'Âme (Viertzig Fragen von der Seelen Orstand, Essentz, Wesen, Natur und Eigenschafft etc.* Amsterdã, 1682), Quest. I.
163. Ibid.
164. IX *Textes*, textos 1 e 2.

imitar os profetas e os santos, Moisés, Jesus e os apóstolos. Todos os eleitos possuem um poder semelhante. O mal desaparece diante deles. Nada poderia causar dano àquele em que Deus faz sua morada."[165]

É partindo dessa doutrina ensinada, como eu declarei, nos mistérios, que alguns gnósticos da escola de Alexandria sustentaram que os males jamais atingiam os verdadeiros sábios, se houvesse homens que efetivamente o fossem; com efeito, a Providência, imagem da justiça divina, jamais permitiria que o inocente sofresse e fosse punido. Basilides, um dos que sustentaram essa opinião platônica,[166] foi vivamente repreendido pelos cristãos ortodoxos por conta disso; trataram-no como herege, invocando a ele o exemplo dos mártires. Basilides respondeu que os mártires não são inteiramente inocentes porque não há nenhum ser humano isento de faltas; que Deus neles puniu ou desejos maus, pecados atuais e secretos, ou pecados que a alma cometera numa existência anterior; e como não se deixou de lhe opor também o exemplo de Jesus que, embora plenamente inocente, sofrera, entretanto, o suplício da cruz, Basilides respondeu sem hesitar que Deus fora justo no tocante a ele, e que Jesus, sendo homem, não era mais do que outro homem isento de máculas.[167]

[13]
Como a verdade, o erro tem seus amantes:
O filósofo aprova ou reprova com prudência;
E se o erro triunfa, ele se afasta; ele espera.

Sabe-se suficientemente que Pitágoras foi o primeiro a ter empregado a palavra *filósofo* para designar *um amigo da sabedoria*.[168] Antes dele, empregava-se a palavra *sofos*,* sábio. É, portanto, intencionalmente que a fiz ingressar em minha tradução, ainda que não esteja literalmente no texto. O retrato que Lísis pinta do filósofo encerra-se por completo na moderação, e nesta justa mediania onde o célebre Kong-Tse

---

165. XL *Questions*, questão 6.
166. Platão *in Teages*. [Ver *Diálogos VII*, obra publicada em *Clássicos Edipro*. (N.E.)]
167. Clemente de Alexandria, *Strom*. L. IV, p. 506; Beausobre, *Hist. du Manich.*, t. II, p. 28.
168. É o que significa o grego φιλόσοφος.
*.  σοφός. (N.T.)

colocava também a perfeição do sábio.[169] Recomenda-lhe a tolerância com relação às opiniões dos outros, insinuando-lhe que como a verdade e o erro têm igualmente seus sectários, não convém gabar-se de esclarecer todos os homens, nem de levá-los a receber as mesmas opiniões e a professar a mesma doutrina. Pitágoras expressara, de acordo com seu costume, essas mesmas ideias mediante frases simbólicas: "Não ultrapasseis o equilíbrio", dissera; "Não atiçai o fogo com o gládio"; "Não colocai o alimento num urinol"; "Nem todos os materiais são próprios para confeccionar uma estátua de Mercúrio".* O que ele quer dizer é: evitai todo excesso; não abandonai a justa mediania, que deve ser o apanágio do filósofo; não propagai vossa doutrina por meios violentos; não empregai a espada na causa de Deus e da verdade; não confiai a ciência a uma alma corrompida; ou, como dizia energicamente Jesus: "Não atirai pérolas aos porcos; não entregai aos cães as coisas santas",[170] pois todos os seres humanos não estão igualmente aptos a receber a ciência, a se tornarem modelos de sabedoria, a refletirem a imagem de Deus.

É necessário dizer que nem sempre fora essa a postura de Pitágoras. Quando era jovem e ainda ardia inconscientemente no fogo das paixões, entregara-se a um zelo cego e veemente. Um excesso de entusiasmo e de amor divino o lançara na intolerância, e talvez tivesse se tornado um perseguidor se, como Maomé, tivesse armas à sua disposição. Um acidente abriu-lhe os olhos. Como ele se acostumara a tratar com muita dureza seus discípulos e repreendia em geral com azedume as pessoas por seus vícios, aconteceu de um dia um jovem, cujos defeitos ele revelara em público e que insultara com censuras muito amargas, experimentar um tal desespero que o levou ao suicídio. O filósofo não conseguiu encarar esse infortúnio, por ele causado, sem sentir uma intensa aflição; ponderou sobre o que fizera e suas reflexões em torno desse acidente lhe serviram pelo resto de sua vida. Compreendeu, como o exprimiu vigorosamente, que não convém atiçar o fogo com o gládio. Pode-se, no tocante a isso, compará-lo a Kong-Tse e a Sócrates. Os outros teósofos não manifestaram sempre a mesma moderação. Krishna,

---

169. No *Tchong Yong*, ou o princípio central, imutável, denominado *Le Livre de la grande Science* (*O Livro da grande Ciência*).

*. Hermes. O autor utiliza a nomenclatura latina. (N.T.)

170. *Evangelho de São Mateus.*, cap. VII, v. 6.

o mais tolerante entre eles, dissera, contudo, abandonando-se a um arrebatamento irrefletido: "A sabedoria consiste em estar comigo por completo... em se libertar do amor a si mesmo... em renunciar a todo apego aos próprios filhos, à própria esposa, à própria casa... em prestar exclusivamente a Deus um culto invariável... em desdenhar e esquivar-se à sociedade humana";[171] palavras notáveis devido à conexão que entretêm com as de Jesus: "Se alguém vem a mim sem odiar seu pai e sua mãe, sua esposa, seus filhos, seus irmãos e suas irmãs, e mesmo sua própria vida, não pode ser meu discípulo".[172] Zoroastro parecia autorizar a perseguição ao dizer num ímpeto de indignação: "Aniquilai aquele que faz o mal: elevai-vos sobre todos os cruéis... Golpeai com grandeza o orgulhoso *turaniano* que aflige e atormenta o justo".[173] Sabe-se o bastante até que ponto a cólera de Moisés se exaltara contra os *madianitas* e contra outros povos que ofereciam resistência a ele,[174] ainda que houvesse anunciado, num momento mais sereno, o Deus de Israel como um Deus forte, pleno de clemência, muito misericordioso, que tardava em encolerizar-se e de generosidade copiosa.[175] Maomé, tão emotivo quanto Moisés e muito semelhante ao legislador dos hebreus por sua força e constância, incorreu em idêntico excesso. Frequentemente descreveu como inexorável e cruel esse mesmo Deus por ele invocado no início de todos seus escritos como boníssimo, justíssimo e muito clemente.[176] Isso prova quão esporádico é permanecer nessa justa mediania recomendada por Kong-Tse e Pitágoras, quão difícil é – independentemente de quão instruído se seja – resistir ao arrebatamento das paixões, sufocar completamente a própria voz a fim de se limitar a ouvir a voz da inspiração divina. Ao refletir nos desvios dos grandes homens que acabo de citar, não há como não pensar como Basilides que não existe efetivamente sobre a Terra homens verdadeiramente sábios e isentos de máculas,[177] especialmente ao se pensar que Jesus exprimiu-se,

---

171. *Bhagavad Gita,* Leit. 8 e 13.
172. *Evangelho de São Lucas,* cap. XIV, v. 26.
173. 50° *hâ, Zend-Avesta,* p. 217. 45° *hâ,* ibid., p. 197.
174. *Números,* cap. 31. *Deuteronômio,* cap. 3, 20 etc.
175. *Êxodo,* cap. 34.
176. *Corão,* 1, cap. 4, 22, 23, 24, 25, 50 etc.
177. Ver o desfecho da última análise.

em idênticas circunstâncias, como Krishna, como Zoroastro e como Moisés; e que aquele que recomendou numa passagem amar os inimigos, fazer o bem aos que nos odeiam e mesmo orar pelos que nos perseguem e nos caluniam,[178] ameaça com o fogo celeste as cidades que não o reconhecem[179] e, ademais, exclama: "Não penseis que vim trazer a paz sobre a Terra; não vim trazer a paz, mas a espada,[180] pois doravante se forem encontradas cinco pessoas numa casa, haverá divisão entre elas, três contra duas e duas contra três: o pai se desentenderá com seu filho, e o filho com seu pai; e a mãe com sua filha, e a filha com sua mãe". "Aquele que não está comigo, está contra mim; e aquele que não acumula comigo, dissipa".[181]

[14]
Escuta e grava bem em teu coração minhas palavras:
Fecha os olhos e tapa os ouvidos ante a prevenção;
Teme o exemplo alheio; pensa por ti mesmo:

Lísis continua, em nome de Pitágoras, a traçar ao filósofo o caminho que deve seguir na primeira parte de sua doutrina, que é a purificação. Após haver recomendado a ele a moderação e a prudência em todas as coisas, havê-lo exortado a demorar tanto para reprovar quanto para aprovar, procura pô-lo em vigilância contra os preconceitos e a rotina do exemplo, que efetivamente são os maiores obstáculos com que topam a ciência e a verdade. É isso que compreendeu sumamente bem o regenerador da filosofia na Europa moderna, Bacon, que já citei elogiosamente no começo desta obra. Esse excelente observador, a quem devemos nossa libertação das ourelas escolásticas cuja ignorância tinha nos trajado grotescamente em nome de Aristóteles, tendo concebido o difícil empreendimento de desembaraçar e, por assim dizer, nivelar a área do entendimento humano, a fim de colocá-la em condição de servir à construção de um edifício menos bárbaro, observou que não se chegaria jamais a nela estabelecer os alicerces da verdadeira ciência se não

---

178. *Evangelho de São Mateus*, cap. V, v. 44.
179. Ibid., cap. XII, v. 20, 21, 22, 24 e 25.
180. Ibid., cap. X, v. 34.
181. Ibid., cap. XII, v. 30.

se começasse por trabalhar no sentido de afastar dessa área nivelada os preconceitos.[182] Ele empregou todas suas forças contra esses temíveis inimigos da perfectibilidade humana e se não destruiu a todos, ao menos os assinalou, facilitando o seu reconhecimento e sua destruição. Os preconceitos que atormentam nosso entendimento, e que ele chama de fantasmas, são, segundo ele, de quatro espécies: fantasmas de raça, de caverna, de sociedade e de teatro. Os primeiros são inerentes à espécie humana; os segundos residem no indivíduo; os terceiros resultam do sentido equívoco atribuído às expressões linguísticas; os quartos, que são os mais numerosos, são aqueles que o ser humano herda de seus mestres e das doutrinas admitidas.[183] Esses últimos preconceitos são os mais tenazes e de superação mais difícil. Parece até impossível a eles resistir completamente. A pessoa que almeja a perigosa glória de promover o avanço do espírito humano está situada entre dois escolhos temíveis que, semelhantes aos de Caríbdis e Cila, ameaçam alternativamente destruir seu frágil navio:* num está a imperiosa rotina, enquanto no outro, a orgulhosa inovação. O perigo é igual de ambos os lados. Ela só pode salvar-se se favorecer a justa mediania, tão recomendada por todos os sábios e tão raramente adotada mesmo por eles.

É forçoso essa justa mediania ser efetivamente dificílima de ser mantida na trajetória da vida, pois o próprio Kong-Tse, que a estudou cabalmente, nela falhou no ponto mais importante de sua doutrina, a saber, naquele da perfectibilidade humana. Inconscientemente imbuído dos preconceitos de sua nação, nada viu que superasse a doutrina dos antigos e não julgou que se pudesse a ela acrescentar algo.[184] Em lugar de fazer avançar o espírito dos chineses à meta para a qual a natureza tende incessantemente, que é o aperfeiçoamento de todas as coisas, ele, ao contrário, o repudiou numa marcha em direção oposta, retrógrada; e, inspirado numa reverência fanática pelas obras do passado, impediu-o

---

182. Bacon, *Novum Organum*.
183. *Novum Organum*, *Af.* 38 ss.
\*. A analogia do autor é com os escolhos dos dois monstros femininos que ameaçam a embarcação de Odisseu (em grego Χάρυβδις e Σκύλλα) no seu cruento retorno à Ítaca, após a destruição de Troia. O autor evoca particularmente os versos 234-235, Canto XII da *Odisseia* de Homero. (N.T.)
184. Ver *Vie de Kong-Tzée* e o *Ta-Hio* citado nas *Mém. concern. les Chinois*, t. I, p. 432.

de meditar algo grande para o futuro.¹⁸⁵ A própria devoção filial, sob um impulso excessivo, metamorfoseada em imitação cega, ainda contribuiu para aumentar o mal. O resultado é o maior povo do mundo, o mais rico em princípios de todos os tipos, não tendo ousado extrair desses próprios princípios nenhum desenvolvimento no receio de profaná-los, prostrado de joelhos diante de uma antiguidade estéril, ter permanecido estacionário, enquanto tudo prosperou ao seu redor; e desde quase quatro mil anos não deu realmente mais nenhum passo rumo à civilização e ao aprimoramento das ciências e das artes.

O lado pelo qual Bacon saiu da justa mediania foi precisamente o oposto daquele que impediu Kong-Tse de nela permanecer. O teósofo chinês se desencaminhara por conta da exagerada veneração da antiguidade; o filósofo inglês se desencaminhou devido ao seu profundo desdém por ela. Numa disposição desfavorável em relação à doutrina de Aristóteles, Bacon estendeu sua prevenção a tudo que nos vinha dos antigos. Rejeitando num dia o trabalho de trinta séculos e o fruto da meditação dos maiores gênios, não quis admitir nada além do que a experiência era capaz de constatar diante dos seus olhos.¹⁸⁶ A lógica lhe pareceu inútil à invenção das ciências.¹⁸⁷ Abandonou o silogismo como um instrumento demasiado grosseiro para penetrar as profundezas da natureza.¹⁸⁸ Pensou que não se podia constituir nenhum fundo nem com base na expressão linguística, nem com base nas noções que dela decorrem.¹⁸⁹ Acreditou serem os princípios abstratos destituídos de todo fundamento; e com a mesma mão que combatia os preconceitos, combateu os resultados desses princípios nos quais infelizmente encontrou muito menos resistência.¹⁹⁰ Dirigindo total desprezo à filosofia grega, negou que ela tivesse produzido algo de útil ou de bom,¹⁹¹ de modo que após haver banido a física de Aristóteles, que classificava como um conjunto confuso de

---

185. *Mém. concern. les Chinois*, t. IV, p. 286.
186. *Novum Organum in Præf.* e *Af.* 1.
187. Ibid., *Af.* 11.
188. Ibid., *Af.* 13.
189. Ibid., *Af.* 14 e 15.
190. Ibid., *Af.* 38 ss.
191. Ibid., *Af.* 73.

termos de dialética,[192] tudo que viu na metafísica de Platão foi uma filosofia viciosa e perigosa, e na teosofia de Pitágoras, uma superstição grosseira e chocante.[193] É oportuno voltar aqui ainda à ideia de Basilides e com ele exclamar que nenhum homem é isento de máculas. Kong-Tse foi indiscutivelmente um dos grandes homens com cuja presença a Terra foi honrada e Bacon um dos mais judiciosos filósofos da Europa; um e outro, entretanto, cometeram erros graves, cujos efeitos são mais ou menos sentidos pela posteridade: o primeiro, enchendo os letrados chineses de um respeito exagerado pela antiguidade, converteu-os numa massa imóvel, quase inerte, que a Providência, para dela obter alguns movimentos necessários, teve que golpear muitas vezes com o flagelo terrível das revoluções; o segundo, inspirando, ao contrário, um desprezo irrefletido por tudo que provinha dos antigos, exigindo a prova de seus princípios, a razão de seus dogmas, tudo submetendo às luzes da experiência, aniquilou o corpo da ciência, desta suprimiu a unidade e transformou a assembleia dos sábios numa tumultuosa anarquia cujo movimento irregular tem dado origem a tempestades bastante violentas. Se Bacon houvesse podido exercer na Europa a mesma influência que Kong-Tse exercera na China, teria arrastado a filosofia na Europa a um materialismo e empirismo absolutos. Felizmente, o remédio nasceu do próprio mal. A falta de unidade retirou toda a força do colosso anárquico. O desejo de cada um ter razão fez com que ninguém a tivesse. Cem sistemas erigidos um sobre o outro se chocaram e se aniquilaram um após outro. A experiência, invocada por todos os partidos, assumiu todas as cores e seus juízos opostos se destruíram a si mesmos.

Se, depois de ter assinalado os erros desses grandes homens, eu ousasse arriscar minha opinião quanto ao ponto em que ambos falharam, diria que confundiram os princípios da ciência com seus desenvolvimentos; e que é necessário, haurindo os princípios do passado, como Kong-Tse, deixar que seus desenvolvimentos atuem em toda a extensão do futuro, como Bacon. Os princípios vinculam-se à necessidade das coisas; são em si mesmos imutáveis; finitos, inacessíveis aos sentidos, eles se provam à razão: seus desenvolvimentos decorrem do poder da

---

192. *Novum Organum in Præf.* e *Af.* 63.
193. Ibid., *Af.* 65.

vontade. Esses desenvolvimentos são livres, indefinidos; eles afetam os sentidos e são demonstrados pela experiência. Jamais o desenvolvimento de um princípio finaliza no passado, como o acreditava Kong-Tse; jamais um princípio é criado no futuro, como o imaginava Bacon. O desenvolvimento de um princípio produz um outro princípio, mas sempre no passado; e desde que esse princípio é enunciado, é universal e intocável pela experiência. O ser humano sabe que esse princípio existe, mas não sabe como. Se soubesse, teria podido criá-lo segundo sua vontade, o que não pertence à sua natureza. O ser humano desenvolve, aperfeiçoa ou corrompe, mas nada cria. A justa mediania científica, recomendada por Pitágoras, consiste, portanto, em tomar os princípios das ciências ali onde se encontram, e em desenvolvê-los livremente sem que nenhum preconceito constitua uma barreira ou um estímulo. Quanto ao princípio que concerne à moral, foi exprimido com suficiente ênfase por tudo que precedeu a isso.

O homem que conhece sua dignidade, diz Hiérocles, é incapaz de ser prevenido ou seduzido por nada.[194] A temperança e a fortaleza são as duas guardas incorruptíveis da alma. Impedem que cedamos aos atrativos das coisas prazerosas e que nos deixemos aterrorizar pelos horrores das coisas terríveis. A morte sofrida por uma boa causa é esplendorosa e nobre.

[15]
Consulta, delibera e escolhe livremente.

Ao explicar esse verso do prisma moral, como o fez Hiérocles, compreende-se facilmente que deliberar e escolher, no que diz respeito à conduta moral, consiste em procurar o que é bem ou mal numa ação, e se ligar ao primeiro ou esquivar-se ao segundo sem se deixar arrastar pelo atrativo do prazer ou o medo da dor.[195] Mas se formos mais fundo no sentido desse verso, veremos que ele constitui uma decorrência dos princípios anteriormente enunciados sobre a necessidade do destino e o poder da vontade; e perceberemos que Pitágoras não perde nenhuma oportunidade de levar seus discípulos ao reconhecimento

---

194. *Aurea carm.*, v. 25.
195. Ibid., v. 27.

de que, embora constrangidos pelo destino a estarem nesta ou naquela posição, a terem de agir nesta ou naquela circunstância, permanecem livres para pesar as consequências de suas ações, e decidirem quanto ao partido que devem tomar. Os versos seguintes são como o corolário de seu conselho.

[16]
Deixa os insensatos agirem sem meta e sem causa.
Deves no presente contemplar o futuro.

Significa que deves considerar quais serão os resultados desta ou daquela ação, e refletir que esses resultados dependentes de tua vontade enquanto a ação se mantém em suspenso, e livres enquanto ainda estão por se produzirem, tornar-se-ão o domínio da necessidade no instante em que a ação for executada, e crescendo no passado, uma vez produzidos concorrerão para formar a estrutura de um novo futuro.

Peço ao leitor, curioso com respeito a este tipo de comparações, que reflita um momento na ideia de Pitágoras. Nela encontrará a verdadeira fonte da ciência astrológica dos antigos. Indubitavelmente não ignora que extenso império já exerceu essa ciência sobre a face da Terra. Os egípcios, os caldeus, os fenícios não a separavam daquela que regulava o culto dos deuses.[196] Seus templos não passavam de uma imagem reduzida do universo e a torre que servia de observatório elevava-se ao lado do altar dos sacrifícios. Os peruanos adotavam, no que toca a isso, os mesmos usos dos gregos e dos romanos.[197]

Em todo lugar o grande pontífice unia ao sacerdócio a ciência genetlíaca ou astrológica e ocultava cuidadosamente, no fundo do santuário, os princípios dessa ciência.[198] Essa ciência era um segredo de Estado entre os etruscos e em Roma,[199] como o é ainda na China e no Japão.[200]

---

196. Hermes, *in Asclep*. Porfírio, *De Antr. Nymph.* p. 106. Orígenes, *Contr. Cels.* L. VI, p. 298. Hyde, *De Relig. Vet. Pers.*, p. 16. Jâmblico, *De Myster. Egypt.*, c. 37.
197. *Hist. des Voyages*, t. LII, p. 72. Diodoro, L. IV, c. 79. Plutarco *in Vita Num*.
198. Boulanger, *Antiq. dévoil*. L. III, cap. 5, par. 3.
199. *Mém. de l'Acad. des Insc.*, t. I, p. 67. Tito Lívio, *Decad.* I, L. IX, Aulo Gélio, L. VI, c. 9.
200. Duhalde, t. II, p. 578, t. III, p. 336, 342. Const. D'Orville, t. I, p. 3.

Os brâmanes só confiavam seus elementos àqueles por eles julgados dignos de serem iniciados.²⁰¹ Ora, basta afastar por um momento a venda dos preconceitos para perceber que uma ciência universal, em toda parte ligada ao que os homens reconhecem como o mais santo, não pode ser o produto da loucura e da estupidez, como o tem repetido cem vezes a turba dos moralistas. A antiguidade na sua totalidade não era certamente nem louca nem estúpida, e as ciências que cultivava apoiavam-se em princípios que, por nos serem hoje totalmente desconhecidos, não deixavam por isso de existir. Pitágoras, se nos dispusermos a atentar para isso, revela-nos os princípios da genetlialogia e de todas as ciências divinatórias que a ela se vinculavam.

Observemos bem isso. O futuro compõe-se do passado, isto é, o caminho que o ser humano percorre no tempo e que modifica mediante o poder livre de sua vontade ele já o percorreu e modificou; da mesma maneira, para me servir de uma imagem sensível, a Terra descrevendo sua órbita anual em torno do sol, segundo o sistema moderno, percorre os mesmos espaços e vê se desdobrarem em torno dela quase os mesmos aspectos, de sorte que, trilhando novamente um caminho que traçou, o ser humano poderia não só nele reconhecer a marca de seus passos, como também prever antecipadamente os objetos com os quais vai nele topar, uma vez que já os viu caso sua memória haja deles conservado a imagem, e se esta imagem não foi apagada por uma decorrência necessária de sua natureza e das leis providenciais que a regem. Eis a doutrina de Pitágoras, tal como já a expus.²⁰² Essa doutrina era a dos mistérios e de todos os sábios da antiguidade. Orígenes, que a combateu, a atribui aos egípcios, aos pitagóricos e aos discípulos de Platão. Estava presente nos livros sagrados dos caldeus mencionados pelo *Syncelle* com o título de livros gênicos.²⁰³ Sêneca e Sinésio a sustentaram como inteiramente conforme o espírito das iniciações.²⁰⁴ O que os antigos chamavam de o grande ano era uma consequência dessa doutrina; com efeito, ensinava-se nos mistérios que o próprio universo percorria, após uma sequência incalculável, as mesmas revoluções

---

201. Filostrato, *in Vita Apoll.* L. III, c. 13.
202. Na minha ANÁLISE 12, onde citei particularmente Diógenes Laércio, L. VIII, par. 4.
203. Syncelle, p. 35.
204. Sêneca, *Quæst. Nat.* L. III, c. 30. Sinésio, *De Provid.*, L. II, *Sub fin.*

que já percorrera e reconduzia no vasto desdobramento de suas esferas concêntricas, tanto para si quanto para os mundos que o compõem, a sucessão das quatro eras cuja duração relativa à natureza de cada ser, imensa para o homem universal, limita-se no indivíduo ao que chamamos de infância, juventude, virilidade* e velhice, e é representada sobre a Terra pelas estações transitórias da primavera, verão, outono e inverno. Esse grande ano, assim concebido, foi comum a todos os povos da Terra.[205] Cícero percebeu muito bem que ela constituía a verdadeira base da genetlialogia ou ciência astrológica.[206] Efetivamente, se o futuro compõe-se do passado, isto é, de algo já realizado sobre o qual se desenvolve progressivamente o presente, como na circunferência de um círculo que não tem nem começo nem fim, é evidente que se pode chegar, até um certo ponto, a conhecê-lo, seja mediante a recordação, considerando no passado a imagem da revolução total, seja mediante a previsão, conduzindo a visão moral, mais ou menos distante, pelo caminho que o universo se põe a percorrer. Esses dois métodos apresentam graves inconvenientes. O primeiro parece mesmo impossível. Afinal, qual é a duração do grande ano? Qual o imenso período que, contendo o círculo de todos os aspectos possíveis e de todos os efeitos correspondentes, como o quer Cícero, pode por observações feitas e depositadas nos arquivos genetlíacos fazer prever à segunda revolução o retorno dos acontecimentos que aí já estavam associados e que aí devem se reproduzir?[207] Platão exige para a perfeição desse ano que este faça coincidir o movimento das estrelas fixas, que constitui o que chamamos de precessão dos equinócios, com o movimento particular de todos os corpos celestes, de maneira a reconduzir o céu ao ponto fixo de sua posição primitiva.[208] Os brâmanes levam a maior duração

---

\*. ...*virilité*...: o autor, como é típico em nossa sociedade patriarcal, representa a humanidade pelo sexo masculino. Independentemente dos aspectos místicos, esotéricos e iniciáticos envolvidos (que em geral excluem as mulheres), poderíamos entender *maturidade* em lugar de *virilidade*. (N.T.)

205. Platão *in Timeu*. Ovídio, *Metamorfoses.*, L. XV, fáb. V. Sêneca, *Epist.* 35. Macróbio, *in Somn. Scip.*, L. II, c. II, *Hist. de Voyages*, t. XII, p. 529. Dupuis, *Orig. des Cultes*, L. V, *in*-12, p. 474. Bailly, *Hist. de l'Astr. anc.*, L. IX, par. 15.
206. Cícero, *De Divin.* L. II, c. 97.
207. Id., *De Natur. Deor.* L. II, c. 20, ibid., *De Divin.*, L. II, c. 97.
208. Platão *in Timeu*.

desse imenso período, que chamam de *Kalpa,* a 4.320.000.000 de anos e sua duração mediana, que chamam de *Maha-Yug*, a 4.320.000.[209] Os chineses parecem restringi-la a 432.000 anos,[210] no que estão de acordo com os caldeus: mas mesmo que se a reduzisse ainda à duodécima parte desse número, com os egípcios, isto é, exclusivamente à revolução das estrelas fixas, que concebiam, segundo Hiparco, como 36.000 anos, e que nós não concebemos como mais de 25.867, de acordo com os cálculos modernos,[211] percebe-se bem que estaríamos ainda muito longe de dispor de uma série de observações capaz de nos permitir prever o retorno dos mesmos acontecimentos e que não conceberíamos mesmo como os seres humanos poderiam algum dia chegar a possuir uma tal série. Quanto ao segundo método, que consiste, como eu o disse, em fazer avançar a visão moral pelo caminho que se tem diante de si, é ocioso observar que só pode ser muito conjectural e muito incerto, uma vez que depende de uma faculdade que o ser humano jamais possui senão como um benefício especial da Providência.

O princípio pelo qual se supunha que o futuro é apenas um retorno do passado não bastava, portanto, para se conhecer a trama do primeiro. Havia necessidade de um segundo princípio, e este princípio anunciado abertamente nos *Versos Dourados,* como o veremos mais adiante, era aquele pelo qual se estabelecia que a natureza é semelhante em todo lugar e, consequentemente, que sendo sua ação uniforme tanto na menor esfera quanto na maior, tanto na mais alta quanto na mais baixa, pode-se inferir de uma à outra e fazer um pronunciamento por analogia. Esse princípio decorria do antigo dogma acerca da animação do universo, tanto em geral quanto particularmente, dogma consagrado em todas as nações e segundo o qual se ensinava que não só o Grande Todo, mas também os mundos inumeráveis que são dele como os membros, os céus e o céu dos céus, os astros e todos os seres que os povoam, até as próprias plantas e os metais, são penetrados pela mesma alma e movidos

---

209. *Suryâ-Siddhanta.*
210. *Asiat. Research*, t. II, p. 378.
211. Biot., *Astr. Phys.*, cap. 14, p. 291.

pelo mesmo Espírito.[212] Stanley atribui esse dogma aos caldeus,[213] Kirker aos egípcios,[214] e o sábio rabino Maimônides o faz remontar aos *sabeanos*.[215] Saumaise a ele relacionou, antes de mim, a origem da ciência astrológica,[216] e teve razão num ponto. Mas do que lhe teria servido considerar o movimento celeste e a situação respectiva dos astros pertencentes à mesma esfera da Terra para com base nisso formar o tema genetlíaco dos Impérios, das nações, das cidades e mesmo dos simples indivíduos, e concluir quanto ao ponto de partida no caminho temporal da existência, quanto à meta desse caminho e quanto a acontecimentos felizes ou infelizes dos quais devia ele estar semeado, se não se houvesse estabelecido primeiramente que esse caminho, não sendo senão a porção qualquer assim de uma esfera existente e já percorrida, pertencia ao domínio da necessidade e podia ser conhecido; e em segundo lugar, que a relação analógica imperando entre a esfera sensível que se examinava e a esfera inteligível que não se podia ver, autorizava a inferir de uma à outra, e mesmo a exprimir do geral para o particular? Com efeito, crer que os astros exercem uma influência real e direta sobre o destino dos povos e dos seres humanos, e que chegam, inclusive, a determinar esse destino por seus aspectos bons ou maus, é uma ideia tão falsa quanto ridícula nascida nas trevas dos tempos modernos, e que não se encontrava entre os antigos, mesmo junto ao vulgo mais ignorante. A ciência genetlíaca apoiava-se em princípios menos absurdos. Esses princípios, hauridos nos mistérios, eram como acabo de explicar, que o futuro é um retorno do passado e que a natureza em todo lugar é a mesma.

Era da combinação desses dois princípios que resultava a genetlialogia, ou a ciência pela qual sendo conhecido o ponto de partida numa esfera qualquer, tinha-se a pretensão de descobrir, pelo aspecto e a direção dos astros, a porção dessa esfera que devia seguir imediatamente esse

---

212. *Vita Pythag.* Fócio, *Bibl. Cod.* 259. Platão *in Timeu.* Macróbio *in Somn. Scip.* Virgílio, *Æneid*, L. VI, v. 724. Sérvio, *Comn.* Ibid. Cícero, *De Natur. Deor.*, L. I, c. 5, 11, 14 e 15. Diógenes Laércio, *in Zee*. Batteux, *Causes premières,* t. II, p. 116. Beausobre, *Hist. du Manich.*, t. II, L. VI, c. 6, par. 14.
213. Stanley, *De Phil. Chald.*, p. 1123.
214. Kirker, *Œdip.*, t. I, p. 172 e t. II, p. 200.
215. Maimônides, *More Nevoch.*, parte I, c. 70.
216. Salmas, *Ann. Climat. Præf.*, p. 32.

ponto. Mas essa combinação, além da enorme dificuldade que apresentava, acarretava ainda consequências perigosíssimas em sua execução. Eis a razão de encerrar-se nos santuários a ciência que tinha por objeto essa combinação e se fazer desta um segredo de religião e um negócio de Estado. A previsão do futuro, supondo-a possível como os antigos a supunham, não é efetivamente uma ciência que se deva abandonar ao vulgo, o qual, não podendo adquirir os conhecimentos previamente necessários, e não tendo senão muito raramente a sabedoria que rege o seu emprego, correria o risco de aviltá-la ou dela fazer um mau uso. Ademais, os pontífices que dela estavam encarregados com exclusividade, iniciados nos grandes mistérios e detentores do conjunto da doutrina, sabiam muito bem que o futuro, tal como podiam ter a expectativa de conhecê-lo na perfeição da ciência, era sempre um futuro indeciso, uma espécie de trama sobre a qual o poder da vontade podia exercer-se livremente; de tal maneira que, embora a matéria fosse determinada de antemão, a forma não o era, e um certo acontecimento iminente podia ser suspenso, evitado ou mudado por um concurso de atos da vontade inacessível a toda previsão. Eis o que levava Tirésias, o mais famoso hierofante da Grécia (a quem Homero chama de o único sábio[217]) a dizer com tanta profundidade estas palavras com frequência reproduzidas sem serem compreendidas: "O que vejo acontecerá ou não acontecerá",[218] isto é, o acontecimento que vejo está na necessidade do destino e se produzirá a menos que o poder da vontade o mude, caso em que não se produzirá.

[17]
O que desconheces não te dispõe a executar.
Instrui-te: tudo se ajusta à perseverança e ao tempo.

Lísis encerrou nesses dois versos o resumo da doutrina de Pitágoras sobre a ciência: segundo esse filósofo, toda a ciência consistia em saber distinguir o que não se sabe e em querer aprender o que se ignora.[219]

---

217. Homero, *Odisseia*, Canto X, v. 494. Diodoro Sículo, L. V, c. 6; Plínio L. VII, c. 56; Plutarco, *De Oracul. Defect.*, p. 434.
218. Horácio, *Sat.* V, L. II, v. 59.
219. Hiérocles, *in Aurea carm.*, v. 31.

Sócrates adotara essa ideia a uma vez simples e profunda, e Platão devotou vários de seus diálogos ao seu desenvolvimento.[220]

A distinção, porém, do que não se sabe e a vontade de aprender o que se ignora são coisas muito mais raras do que se crê. Trata-se da justa mediania da ciência, tão difícil de possuir quanto a da virtude, e sem a qual, entretanto, é impossível conhecer a si mesmo.* Ora, sem o conhecimento de si mesmo, como adquirir o dos outros? Como julgá-los na impossibilidade de ser o juiz de si mesmo? Acompanhai este raciocínio. É evidente que não se pode saber senão o que se aprendeu dos outros, ou o que se descobriu por si mesmo: para ter aprendido dos outros, é necessário ter desejado receber lições; para ter descoberto, é necessário ter desejado investigar. Contudo, não se pode razoavelmente desejar aprender ou investigar senão aquilo que se crê desconhecer. Se nos impusermos quanto a esse ponto importante e se imaginarmos saber o que ignoramos, consideraremos completamente inútil aprender ou investigar. E neste caso a ignorância é incurável: ela se torna insensatez se nos arvorarmos doutores a respeito das coisas que não aprendemos nem investigamos e sobre as quais, consequentemente, não podemos ter nenhum conhecimento. Foi Platão o autor desse raciocínio irresistível, e dele tirou a seguinte conclusão: todos os erros cometidos pelo ser humano provêm dessa espécie de ignorância que o leva a crer que sabe o que não sabe.[221]

Essa espécie de ignorância tem sido bastante comum em todos os tempos. Mas não creio ter ela atingido algum dia o ponto em que tem se exibido entre nós a partir de alguns séculos. Homens que mal saíram dos lodaçais da barbárie, sem haver dado tempo a si próprios, nem haver adquirido ou buscado nenhum conhecimento verdadeiro da antiguidade, arvoram-se ousadamente em seus juízes e declararam que os grandes homens que a revelaram eram ou ignorantes, ou impostores, ou fanáticos,

---

220. *Alcibíades, Segundo Alcibíades, Laques* etc. [Obras publicadas em *Clássicos Edipro*. (N.E.)]

*. Mais de uma vez, em Platão, Sócrates alude às palavras γνῶθι σαυτόν (*ou* σεαυτόν) inscritas no Oráculo de Delfos: *Conhece a ti mesmo*, no latim *Nosce te ipsum*. A tradução mais rigorosa, tanto do grego quanto do latim seria *Aprende a conhecer a ti mesmo*. (N.T.)

221. *In Alcibíades.*

ou loucos. Aqui vejo músicos que me asseguram seriamente que os gregos eram rústicos em matéria de música; que tudo que se diz das maravilhas operadas por essa arte são frivolidades, e que não temos um campônio que arranha um violão que não seja capaz de produzir tanto efeito quanto Orfeu, Terpandro ou Timoteu, se contasse com os ouvintes com que eles contaram.²²² Há críticos que me instruem com idêntica impassibilidade que os gregos do tempo de Homero não sabiam nem ler nem escrever; que esse próprio poeta, a supor que haja realmente existido, não conhecia as letras do alfabeto;²²³ mas que sua existência é um sonho,²²⁴ e que as obras atribuídas a ele são produções indigestas de alguns rapsodos plagiários.²²⁵ Um pouco mais adiante vejo, para o cúmulo da extravagância, um fazedor de Pesquisas que descobre, sem dúvida respaldando-se em tudo aquilo, que o primeiro editor dos poemas de Homero, o másculo legislador de Esparta, Licurgo enfim, era um homem ignaro e iletrado, não sabendo nem ler nem escrever:²²⁶ coisa original e paralelo completamente bizarro entre o autor e o editor da *Ilíada*! Mas isso não é nada. Há um arcebispo de Tessalônica que, animado de uma santa indignação, pretende que Homero tenha sido o instrumento do demônio,²²⁷ e que se é condenado ao lê-lo. Que se dê de ombros diante das alegorias desse poeta, que não se as considere em absoluto interessantes,²²⁸ que se chegue mesmo a adormecer por causa delas, tudo isso é ainda passável, mas ser condenado! Eu disse que Bacon, lamentavelmente levado por essa funesta prevenção que faz com que se julgue sem conhecer, caluniara a filosofia grega. Seus numerosos

---

222. Ver Burette, *Mém. de l'Acad. des Belles-Lett.*, t. V. Laborde, *Essai sur la Musique*, t. I. Introd. p. 20. Nossos pintores trataram pouco favoravelmente a pintura dos gregos; e talvez se o Apolo pítio e a Vênus pudica não surpreendessem ainda a Europa e tivessem desaparecido como as obras primas de Polignoto e de Xeuxis,* os escultores modernos diriam que os antigos falharam tanto no desenho quanto no efeito das cores.

\*. Parece-nos que o célebre pintor grego é Zeuxis (Ζεῦξις) e não Xeuxis. (N.T.)
223. Wood. *Essai sur le Génie orig. d'Homère*, p. 220.
224. Bryant, citado por Desalles, *Hist. d'Homère*, p. 18.
225. Wolff e Klotz, citados pelo mesmo. Ibid., p. 36 e 117.
226. Paw, *Recherches sur les Grecs*, t. II, p. 355.
227. Trata-se de um certo Grégoire, citado por Leo Allazi em seu livro *De Patria Homeri*.
228. Voltaire, *Dict. philos.*, art. *Épopée* (Epopeia).

discípulos foram ainda mais longe nesse ponto. Condillac, o corifeu do empirismo moderno, viu em Platão apenas uma metafísica delirante, indigna de dela nos ocuparmos, e em Zenão apenas uma lógica destituída de raciocínio e princípios. Eu bem que gostaria que Condillac, tão grande amador da análise, tivesse tentado analisar a metafísica de um e a lógica do outro a fim de me provar que conhecia ao menos aquilo que julgava tão indigno de si. Mas era nisso em que ele menos pensava. Abri o livro que quiserdes. Se os autores são teólogos, vos dirão que Sócrates, Pitágoras, Zoroastro, Kong-Tse (ou Confúcio, como o chamam) são pagãos[229] cuja danação é senão certa ao menos muito provável; tratarão a teosofia deles com o mais profundo desprezo: se são físicos*, vos assegurarão que Tales, Leucipo, Heráclito, Parmênides, Anaxágoras, Empédocles, Aristóteles e os outros são sonhadores deploráveis; zombarão de seus sistemas: se são astrônomos, rirão de sua astronomia; se são naturalistas, químicos, botânicos, gracejarão diante de seus métodos, e classificarão como sua credulidade, sua estupidez ou sua má-fé a plêiade de maravilhas que não compreendem mais em Aristóteles do que em Plínio. Nem uns nem outros se preocuparão em provar suas asserções; mas, como as pessoas que a paixão e a ignorância cegam, enunciarão efetivamente o que está em questão, ou substituindo as ideias que desconhecem por suas próprias, criarão fantasmas para combater as primeiras. Jamais remontando aos princípios de nada, detendo-se somente nas formas, adotando sem exame as mais vulgares

---

229. O termo *pagão* é um termo injurioso e ignóbil derivado do latim *paganus*, que significa um indivíduo rústico, um camponês. Quando o cristianismo triunfou por completo sobre o politeísmo grego e romano e, por ordem do imperador Teodósio, foram demolidos nas cidades os últimos templos dedicados aos deuses das nações, ocorreu de os povos do campo persistir ainda por bastante tempo fiéis ao antigo culto, o que levou a se chamar por escárnio de *pagani* todos aqueles que os imitaram. Essa denominação, que podia convir no século V aos gregos e aos romanos que se recusavam a se submeter à religião dominante no Império, é falsa e ridícula quando a estendemos a outras épocas e a outros povos. Não se pode dizer sem ferir simultaneamente a cronologia e o bom senso que os romanos ou os gregos dos séculos de Cesar, de Alexandre ou de Péricles, os persas, os árabes, os egípcios, os indianos, os chineses antigos ou modernos sejam *pagãos*, isto é, camponeses refratários às leis de Teodósio. Trata-se dos politeístas, dos monoteístas, dos mitólogos, tudo o que desejarmos, idólatras talvez, mas não *pagãos*.

*. ...*physiciens*..., ou seja, filósofos da natureza. (N.T.)

noções, cometerão em toda parte o mesmo erro que cometeram com referência à ciência genetlíaca, cujos princípios mostrei em minha última análise; e confundindo essa ciência dos antigos com a astrologia moderna, enfocarão igualmente Tirésias e Nostradamus e não verão nenhuma diferença entre o oráculo de Amon ou de Delfos e a previsão do futuro das cartomantes mais medíocres.

De resto, não pretendo dizer que todos os sábios modernos tenham se entregue dessa maneira à presunção e aos preconceitos no que respeita à antiguidade. Tem havido entre eles muitas exceções honrosas: descobre-se até que, arrastados para fora da justa mediania pela necessidade de produzir uma reforma útil ou estabelecer um sistema novo, nela reingressam desde que suas paixões ou seus interesses não os tenham mais comandado. Tal é, por exemplo, o caso de Bacon, a quem a filosofia deveu muitos grandes serviços para esquecer alguns erros acidentais, pois longe estou de atribuir-lhe, ademais, os erros de seus discípulos. Bacon, sob o risco de contradizer-se, cedendo ao sentimento da verdade, e ainda que submetesse tudo às luzes da experiência, admitia, porém, universais positivos e reais que, por seu método, são completamente inexplicáveis. Esquecendo o que dissera de Platão num livro, confessava num outro que esse filósofo, dotado de um gênio sublime, lançando seu olhar por toda a natureza e contemplando todas as coisas do alto de um rochedo elevado, vira muito bem em sua doutrina das ideias quais são os verdadeiros objetos da ciência.[230] Enfim, considerando a física como devendo ocupar-se dos princípios e do conjunto das coisas, dela fazia depender a ciência astrológica que comparava à astronomia, de modo a mostrar que não a confundia com a astrologia vulgar. Esse filósofo julgava que, já em seu tempo, à astronomia, bastante bem fundada nos fenômenos, faltava totalmente solidez, e que a astrologia perdera seus verdadeiros princípios. Concedia sem problemas à astronomia a apresentação do exterior dos fenômenos celestes, isto é, o número, a situação, o movimento e os períodos dos astros, mas ele a acusava de ser carente de conhecimentos no que dizia respeito às razões físicas desses fenômenos. Acreditava que uma simples teoria que se contenta em satisfazer as aparências é algo facílimo, e que é possível imaginar

---

230. *De Dign. et Increm. Scient.* L. III, c. 4.

uma miríade de especulações desse tipo, razão pela qual queria que a ciência astronômica fosse mais à frente. "Em lugar de expor as razões dos fenômenos celestes, dizia ele, tudo que se faz é ocupar-se de observações e de demonstrações matemáticas; ora, essas observações e essas demonstrações podem bem fornecer alguma hipótese engenhosa para organizar tudo isso na própria cabeça, e se conceber uma ideia desse conjunto, mas não para saber exatamente como e porque tudo isso está realmente na natureza: indicam no máximo os movimentos aparentes, o conjunto artificial, a combinação arbitrária de todos esses fenômenos, porém não as causas verdadeiras e a realidade das coisas: e quanto a esse ponto, ele continua, é com pouquíssimo discernimento que a astronomia é classificada entre as ciências matemáticas; essa classificação viola sua dignidade".[231] No que tocava à ciência astrológica, era o desejo de Bacon que se a regenerasse inteiramente reconduzindo-a aos seus verdadeiros princípios, isto é, que se repudiasse tudo o que o vulgo lhe havia agregado de mesquinho e supersticioso, nela preservando apenas as grandes revoluções dos antigos. Tais ideias, como se percebe muito bem, não estão muito em harmonia com aquelas que seus discípulos adotaram posteriormente, motivo pelo qual a maioria deles positivamente se absteria de citar tais passagens.

[18]
Cuida de tua saúde:

Era meu objetivo inicial fazer aqui algumas comparações no tocante à maneira como Pitágoras e os sábios antigos consideravam a medicina; e queria expor seus princípios bastante distintos dos modernos. Senti, contudo, que um tema tão importante exigiria desenvolvimentos que esta obra não podia comportar, de modo que os remeti a uma ocasião mais oportuna e a uma obra mais apropriada. Ademais, o verso de Lísis dispensa qualquer explicação: é claro. Esse filósofo recomenda que a própria pessoa cuide de sua saúde, que a mantenha mediante a temperança e a moderação e no caso de ser ela afetada, que se ponha em condição de não confiar à outra pessoa o cuidado para seu restabeleci-

---

231. *Ut supra*.

mento. Esse preceito era tão conhecido dos antigos a ponto de haver se convertido numa espécie de provérbio.

O imperador Tibério, que dele fez uma regra de conduta, dizia que um homem que tivesse mais de trinta anos que chamasse ou mesmo consultasse um médico não passava de um ignorante.[232] É verdade que Tibério não somava ao preceito o exercício da temperança que Lísis não esquece de recomendar nos versos que se seguem, razão pela qual viveu só 78 anos, ainda que a força de sua constituição lhe prometesse uma vida mais longa. Hipócrates de Cós, o pai da medicina na Grécia, e sumamente ligado à doutrina pitagórica, viveu 104 anos; Xenófilo, Apolônio de Tiana, Demonax e muitos outros filósofos pitagóricos viveram até 106 e 110 anos; e o próprio Pitágoras, embora violentamente perseguido no fim de sua carreira, apesar disso impeliu sua vida até os 99 anos, segundo alguns, e mesmo até mais de um século, segundo outros.[233]

[19]
...concede moderadamente
Ao corpo os alimentos, ao espírito o repouso.

Sendo o corpo o instrumento da alma, Pitágoras queria que a ele se dispensasse o cuidado judicioso e necessário para mantê-lo sempre em condição de executar as ordens dela. Considerava sua conservação como uma parte da virtude purgativa.[234]

[20]
Evita demasiados cuidados ou cuidados escassos,
    pois a inveja
A um e outro desses excessos liga-se igualmente.

O filósofo, constante em seu princípio da justa mediania, queria que seus discípulos evitassem o excesso em todas as coisas, e que não se fizessem notar por um modo de viver demasiado extraordinário. Constituía uma opinião bastante difundida entre os antigos que a inveja,

---

232. Bacon, *De la Vie et de la Mort*. Suetônio *in Tiber.*, par. 66.
233. Diógenes Laércio *in Pythag.*
234. Hiérocles, *Aurea carm.*, v. 33.

vergonhosa para quem a experimenta, perigosa para quem a inspira, tem consequências funestas para ambos.[235] Ora, a inveja liga-se a tudo que tende a dar destaque demasiado ostensivo aos seres humanos. Assim, a despeito de tudo que foi publicado das regras extraordinárias, das abstinências severas impostas por Pitágoras aos seus discípulos e que ele os fazia acatar, parece indubitável que somente foram estabelecidas após sua morte e quando seus intérpretes, enganando-se a respeito do sentido misterioso desses símbolos, tomaram ao pé da letra o que ele dissera em sentido figurado. Tudo que o filósofo condenava era o excesso, e permitia, de resto, um uso moderado de todos os alimentos dos quais as pessoas se servem. Não proibia nem mesmo as favas pelas quais seus discípulos conceberam tanto horror mais tarde, e das quais não se nutria frequentemente.[236] Não proibia absolutamente nem o vinho, nem a carne e nem mesmo o peixe, ainda que se o tenha garantido algumas vezes,[237] porque efetivamente aqueles entre seus discípulos que aspiravam à derradeira perfeição deles se abstinham;[238] limitava-se a retratar a embriaguez e a intemperança como vícios odiosos que era necessário evitar.[239] Não hesitava, por uma questão de escrúpulo, de beber, ele mesmo, um pouco de vinho e de saborear carnes que eram servidas à mesa,[240] a fim de mostrar que não os considerava impuros, embora preferisse o regime vegetariano a todos os demais, ao qual ordinariamente se restringiu por uma questão de gosto.[241] Retornarei mais adiante ao sentido misterioso dos símbolos, pelos quais ele dava a impressão de proscrever o uso de certos alimentos e, sobretudo, das favas.

---

235. Bacon assegura, de acordo com os antigos, que o olhar da inveja é malfazejo e que foi observado que, depois de grandes triunfos, personagens ilustres, estando expostos ao olhar dos invejosos, ficaram doentes durante muitos dias (*Sylva Sylvarum*, par. 941).
236. Aulo Gélio, L. IV, c. II.
237. Ateneu, L. VII, c. 16; Jâmblico, *Vita Pythag.*, c. 30.
238. Jâmblico, ibid., c. 24.
239. Diógenes Laércio, L. VIII, par. 9; Clemente de Alexandria, *Pœd.*, L. II, p. 170.
240. Jâmblico, ibid., c. 21. Porfírio, *Vita Pythag.*, p. 37. Ateneu, L. X, p. 418. Aulo Gélio, L. IV, c. II.
241. Diógenes Laércio, L. VIII, par. 19.

[21]
Luxo e avareza têm consequências semelhantes.
É necessário escolher em tudo um meio justo e bom.

Lísis finda a parte purgativa da doutrina de Pitágoras pelo traço que a caracteriza em geral e em particular: mostrou a justa mediania na virtude, na ciência; acaba de recomendá-la na conduta; enuncia-a, enfim, com todas as letras e diz abertamente que os extremos se tocam; que do ponto de vista de seus efeitos, luxo e avareza não diferem, e que a filosofia consiste em evitar em tudo o excesso. Hiérocles acrescenta que, para ser feliz, deve-se saber haurir de onde é necessário, quando é necessário e tanto quanto é necessário; e que aquele que ignora esses justos limites é sempre infeliz, e eis como ele o prova. "O prazer, diz, é necessariamente o efeito de uma ação: ora, se a ação é boa, o prazer perdura; se é má, o prazer é transitório e se corrompe. Se realizamos com prazer alguma coisa vergonhosa, o prazer passa e o vergonhoso perdura. Se realizamos alguma coisa nobre com mil dificuldades e mil obstáculos, as dores passam e exclusivamente o nobre perdura. Do que resulta necessariamente ser a vida má tão amarga e produzir tanta tristeza e aflições quanto ser a vida boa doce e produzir alegria e contentamento."[242]

"Como a chama de uma tocha tende sempre a elevar-se não importa de que maneira a viremos, dizem os sábios indianos, assim o homem cujo coração é inflamado pela virtude, não importa o acidente que lhe ocorra, dirige-se sempre para a meta que a sabedoria lhe indica."[243]

"A infelicidade acompanha o vício e a felicidade, a virtude, dizem os chineses, como o eco acompanha a voz e a sombra, aquele que caminha."[244]

"Ó virtude! Divina virtude! – exclamava Kong-Tse,[245] um poder celeste apresenta-te a nós, uma força interior nos conduz para ti; feliz o mortal no qual habitas! Ele atinge o objetivo sem esforços; basta-lhe um único olhar para penetrar a verdade. Seu coração converte-se no

---

242. Hiérocles, *Aurea carm.*, v. 32.
243. Provérbios do brâmane *Barthrovhari*.
244. *Chou-King*, cap. *Yu-Mo*.
245. Esta passagem é encontrada no *Tchong-Yong*, ou *Livro da Justa Mediania*, obra muito célebre entre os chineses.

santuário da paz, e seus próprios pendores defendem sua inocência. Só é dado aos sábios alcançar um estado tão desejável. Aquele que a ele aspira deve decidir-se a favor do bem e apegar-se fortemente a ele; deve devotar-se ao estudo de si mesmo, interrogar a natureza, examinar todas as coisas com cuidado, meditar sobre elas e nada deixar passar sem aprofundá-lo. Que desenvolva as faculdades de sua alma, que pense vigorosamente, que introduza a energia e a constância nas suas ações. Ai de nós! Quantos seres humanos há a buscarem a virtude, a ciência e que se detêm no meio da carreira porque a meta ainda se faz esperar? O legado de meus estudos, dizem eles, é toda minha ignorância, todas minhas dúvidas; meus esforços, meus trabalhos, não ampliam nem minhas vistas nem minha penetração; as mesmas nuvens flutuam sobre meu entendimento e o obscurecem; sinto minhas forças a me abandonarem e minha vontade ceder sob o peso do obstáculo. Não importa! Guardai-vos contra vosso desalento; o que outros puderam desde a primeira tentativa, podereis na centésima; o que realizaram na centésima, o realizareis na milésima.

> À perseverança nada há que resiste:
> Quaisquer que sejam seus propósitos, se o sábio neles
>     persiste,
> Não há obstáculo tão grande que ele não vença:
> Constância e tempo sendo de tudo os mestres.

# PERFEIÇÃO

[22]
Que jamais o sono cerre tuas pálpebras
Sem te perguntares: O que deixei de fazer? O que fiz?

Lísis, após haver indicado o caminho pelo qual Pitágoras conduzia seus discípulos à virtude, vai ensiná-los o uso que esse filósofo queria que fizessem desse dom celeste, uma vez que dele haviam se tornado detentores. Até aqui ele se restringiu à parte purgativa da doutrina de seu mestre; vai agora passar à parte da união, isto é, à que tem por objeto unir o ser humano à Divindade, o tornando gradativamente semelhante ao modelo de toda perfeição e de toda sabedoria, que é Deus. O único instrumento capaz de operar essa reunião foi posto à sua disposição mediante o bom uso que fez de sua vontade: é a virtude que lhe deve servir agora para atingir a verdade. Ora, a Verdade é o termo da perfeição: não há nada além, nada aquém exceto o erro; a luz brota de seu seio; segundo Pitágoras[246] ela é a alma de Deus, e segundo o legislador dos indianos,[247] o próprio Deus.

O primeiro preceito que Pitágoras oferecia aos seus discípulos que ingressavam no caminho da perfeição tendia a fazê-los se concentrarem em si mesmos, levava-os a se interrogarem acerca de suas ações, seus pensamentos, seus discursos, a se perguntarem sobre seus motivos, enfim refletirem acerca de seus movimentos exteriores e interiores, e procurarem, assim, conhecer a si mesmos. O autoconhecimento era o primeiro conhecimento de todos: aquele que devia conduzi-los a todos os

---

246. Porfírio, *Vita Pythag.*, p. 27.
247. *Código de Manu*, cap. I, v. 5. [Obra publicada em *Clássicos Edipro*. (N.E.)]

demais. Não afrontarei meus leitores acrescentando algo ao que já disse no que toca à importância desse conhecimento e como os antigos eram extremados no que se referia a ele. Sabem sem dúvida que a moral de Sócrates e a filosofia de Platão não eram senão o seu desenvolvimento, e que uma inscrição no primeiro templo da Grécia, no de Delfos, o recomendava depois daquele da justa mediania, como o próprio ensinamento do deus* que se vinha ali adorar:[248] NADA EM EXCESSO** e CONHECE A TI MESMO*** encerravam em poucas palavras a doutrina dos sábios e apresentavam para sua meditação os princípios sobre os quais se apoiam a virtude e a sabedoria, que é sua consequência. Nada mais foi necessário para eletrizar a alma de Heráclito e desenvolver os germes do gênio que, até o momento em que leu essas duas sentenças, permaneciam ali sepultados numa fria inércia.

Não me deterei, portanto, a provar a necessidade de um conhecimento sem o qual todos os outros não passam de dúvida e presunção. Limitar-me-ei a examinar numa curta digressão se esse conhecimento é possível. Platão, como eu o disse, o tinha como base de todo o edifício de sua doutrina; ensinava, segundo Sócrates, que a ignorância de si mesmo acarreta todas as ignorâncias, todas as faltas, todos os vícios, todas as infelicidades, ao passo que o autoconhecimento, ao contrário, traz como decorrência todas as virtudes e todos os bens,[249] de modo que não se pode duvidar que julgasse possível esse conhecimento, uma vez que sua impossibilidade, posta somente em dúvida, teria invalidado seu sistema. Entretanto, como Sócrates dissera que nada sabia para distinguir-se dos sofistas de seu tempo, que sustentavam tudo saber; como Platão empregara constantemente em seu ensinamento essa espécie de dialética que, caminhando para a verdade pela dúvida, consiste em definir as coisas pelo que elas são, em conhecer sua essência, em distinguir as que são verdadeiramente das que são apenas ilusórias; como,

---

*. Ou seja, Apolo. (N.T.)
248. Xenofonte, *Mém.*, L. IV, p. 796. Platão *in Alcibíades* e *Cármides* [Presentes, respectivamente, em *Diálogos VII* e *Diálogos VI*, obras publicadas em *Clássicos Edipro*. (N.E.)]. Pausânias, L. X. Plínio, L. VII, c. 32.
**. Em grego: ΜΗΔΕΝ ΑΓΑΝ. (N.T.)
***. Em grego: ΓΝΩΘΙ ΣΑΥΤΟΝ. (N.T.)
249. *In Alcibíades.*

sobretudo, as máximas favoritas desses dois filósofos, tinham sido que é necessário desfazer-se de todo tipo de preconceitos, não crer saber o que se ignora e somente dar o próprio assentimento às verdades claras e evidentes, aconteceu de os discípulos desses grandes homens, tendo perdido de vista o verdadeiro espírito da doutrina deles, tomarem os meios pelo fim; e imaginando que a perfeição da sabedoria estava na dúvida que a ela conduzia, enunciaram como máxima fundamental que o homem sábio não deve nada afirmar e nada negar, mas manter seu assentimento em suspenso entre o pró e o contra de cada coisa.[250] Arcesilau, que se declarou chefe dessa revolução, era um homem que possuía grande amplitude de espírito, detentor de muitos recursos físicos e morais, muito atraente e muito eloquente,[251] porém imbuído de um terror secreto que impede de fixar as coisas que se considera como proibidas e sagradas; audacioso e quase ímpio externamente, era no fundo tímido e supersticioso.[252] Atingido pela insuficiência de suas investigações para descobrir a certeza de certos princípios, sua vaidade o persuadira da impossibilidade de descobrir essa certeza, porque ele, Arcesilau, não a descobria; e devido à sua superstição, atuando em harmonia com sua vaidade, chegara a crer que a ignorância humana constitui um efeito da vontade de Deus, e que segundo o sentido de um verso de Hesíodo, que ele citava incessantemente, a Divindade estendeu um véu impenetrável entre ela e o espírito humano.[253] É por isso que ele chamava o efeito dessa ignorância de *acatalepsia**, isto é, incompreensibilidade ou impossibilidade de erguer o véu.[254] Seus discípulos, em grande número, adotaram essa incompreensibilidade e aplicaram-na a todos os tipos de assuntos, ora negando, ora afirmando a mesma coisa; enunciando um princípio para um instante depois derrubá-lo; embaraçando-se a si mesmos em argumentos capciosos para provar que não sabiam nada, e produzindo uma glória funesta que consiste em ignorar o bem e o mal

---

250. Cícero, *Acad. Quæst.*, L. IV, c. 24. Sexto Empírico, *Hipotiposes pirroneanas*, L. I, c. 4 e 12.
251. Diógenes Laércio, L. IV, par. 10. Cícero, *Acad. Quæst.*, L. IV, c. 18.
252. Desland., *Hist. critiq. de la Philosoph.*, t. II, p. 258.
253. Eusébio, *Præp. Evan.*, L. XIV, c. 4.
*.  Grego: ἀκαταληψία. (N.T.)
254. A palavra grega deriva do verbo καλυπίειν, cobrir com um véu.

e não poder distinguir a virtude do vício.²⁵⁵ Lastimável efeito de um primeiro erro! Arcesilau tornou-se a prova convincente daquilo que repeti no tocante à justa mediania e à semelhança dos extremos: uma vez fora da senda da verdade, tornou-se, por fraqueza e superstição, o líder de uma multidão de ateus audaciosos que, após haver colocado em dúvida os princípios sobre os quais se apoiam a lógica e a moral, aí colocaram aqueles da religião e os aniquilaram. Foi em vão que ele tentou deter o movimento do qual havia sido a causa estabelecendo duas doutrinas: uma pública em que ensinava o ceticismo, e a outra secreta na qual mantinha o dogmatismo:²⁵⁶ o tempo não era mais favorável a essa distinção. Tudo que ganhou com isso foi deixar que lhe fosse usurpada por outro a glória, pouco desejável à verdade, de oferecer seu nome à nova seita dos céticos. Foi Pirro que teve essa honra. Esse homem, detentor de um caráter tão firme quanto impassível, a quem não importava mais viver do que morrer, que não tinha preferência por nada, que um precipício aberto sob seus passos não podia afastar-se de seu caminho, reunia em seu partido todos aqueles que filosoficamente professavam duvidar de tudo, não reconhecer o caráter da verdade em parte alguma, e ele lhes proporcionou um tipo de doutrina na qual a sabedoria era colocada na mais completa incerteza, a felicidade na inércia mais absoluta, e o gênio na arte de sufocar toda espécie de gênio mediante a acumulação dos raciocínios contraditórios.²⁵⁷ Pirro tinha muito desprezo pelos seres humanos, e não podia ser de outro modo para lhes oferecer semelhante doutrina. Tinha constantemente nos lábios o seguinte verso de Homero:

O gênero dos homens é tal como aquele das folhas.²⁵⁸

Detenho-me aqui por um momento a fim de fazer observar ao meu leitor que, embora o pensamento de Hesíodo, no que diz respeito ao

---

255. Bayle, *Dict. crit.*, art. *Arcésilas* (Arcesilau).
256. Sexto Empírico, que não era homem de nada afirmar irrefletidamente, sustenta que Arcesilau era apenas um cético exibicionista e que as dúvidas que propunha aos seus ouvintes só tinham como objeto verificar se possuíam suficiente gênio para compreender os dogmas de Platão. Quando encontrava um discípulo que lhe revelava a força de espírito necessária, ele o iniciava na verdadeira doutrina da Academia (*Hipotiposes pirroneanas*, L. I, c. 33).
257. Sexto Empírico, *Hipotiposes pirroneanas*, L. I, c. 4, 12, 15; L. II, c. 4.
258. οἵη περ φύλλων γενεὴ τοίη δὲ καὶ ἀνδρῶν. *Ilíada*, Canto VI, v. 146.

véu que os deuses estenderam entre eles e os seres humanos e que deu ensejo a Arcesilau para estabelecer sua acatalepsia, fosse originário das Índias,[259] jamais produzira nas Índias os mesmos resultados, e isso porque os brâmanes, ao ensinarem que existe esse véu, e que ele desnorteia mesmo o vulgo mediante uma série de fenômenos ilusórios, nunca disseram que fosse impossível erguê-lo, pois isso teria sido atentar contra o poder da vontade humana e sua perfectibilidade, para os quais eles não estabelecem limites. Veremos mais adiante que tal era também a ideia de Pitágoras. Voltemos aos céticos.

O escritor ao qual devemos uma história comparada dos sistemas filosóficos, escrita com reflexão e imparcialidade, compreendeu muito bem que se devia considerar o ceticismo sob dois aspectos: como ceticismo crítico e reformador necessário para corrigir a presunção do espírito humano e para destruir seus preconceitos, e como ceticismo absoluto e determinado que confunde numa proscrição comum as verdades e os erros.[260] O primeiro, do qual Sócrates deu o exemplo e que Bacon e Descartes renovaram, é uma espécie de remédio intelectual disponibilizado pela Providência para curar uma das doenças mais fatais do espírito humano, esse tipo de ignorância presunçosa que leva a julgar saber aquilo que não se sabe; o segundo, que não passa do excesso e abuso do primeiro, é esse mesmo remédio transformado em veneno devido a um extravio da razão humana, que o transporta para fora das circunstâncias que invocam sua ação, e o emprega para devorar a si mesma, e para fazer secar em suas fontes todas as causas que contribuem para os progressos dos conhecimentos humanos.[261] Arcesilau, para começar, o introduziu na Academia exagerando as máximas de Sócrates, e Pirro fez dele um sistema particular de destruição sob o nome de *pirronismo*. Esse sistema, acolhido na Grécia, logo a infectou com seu veneno apesar da vigorosa resistência de Zenão, o estoico, que surgira graças à Providência para se opor às

---

259. Os brâmanes chamam a ilusão resultante desse véu de *maya*. Segundo eles, somente o Ser supremo existe verdadeira e absolutamente; todo o resto é *maya*, isto é, fenômeno, mesmo a trindade formada por Brahma, Vishnu e Rudra. [Ou Brahma, Vishnu e Shiva. (N.T.)]

260. Dégérando, *Hist. comp. des Systèmes de Philos.*, t. III, p. 360.

261. Ibid., t. III, p. 361.

suas devastações.²⁶² Levado a Roma por Carneade, o líder da terceira Academia, aí assustou, por conta de suas máximas subversivas da moral pública, Catão, o censor, que, confundindo-o com a filosofia, contra esta concebeu um ódio implacável.²⁶³ Esse rígido republicano, ao ouvir Carneade falar contra a justiça, negar a existência das virtudes, atacar a Providência divina e pôr em dúvida as verdades fundamentais da religião, condenou ao desprezo uma ciência que podia engendrar tais argumentos.²⁶⁴ Apressou o retorno do filósofo grego para que a juventude romana não fosse imbuída de seus erros. Mas o mal estava consumado. Os germens destrutivos que Carneade havia lançado fermentaram secretamente no seio do Estado, desenvolveram-se com as primeiras circunstâncias favoráveis, se avolumaram e, enfim, produziram esse colosso formidável que, após haver se apoderado do espírito público, ter obscurecido as mais claras noções do bem e do mal, aniquilado a religião, entregou a República à desordem, às guerras civis, à destruição; e elevando-se ainda com o Império Romano, fez murchar prematuramente os princípios de vida que ele recebera, nele impondo a necessidade da edificação de um culto novo, e abriu assim seu seio aos erros estrangeiros e às armas dos bárbaros. Esse colosso, vítima de seus próprios furores, depois de ter dilacerado e devorado a si mesmo, foi sepultado sob as sombras que acumulara; a Ignorância, sentada sobre seus escombros, governava a Europa, quando surgiram Bacon e Descartes que, ressuscitando quanto lhes foi possível o ceticismo socrático, trataram, a seu modo, de fazer voltar os espíritos para a busca da verdade. Mas não puderam fazê-lo tão bem a ponto de não reavivarem também alguns restos do ceticismo pirroniano que, alimentando-se de suas paixões e de seus preconceitos mal entorpecidos, não tardaram a extraviar seus discípulos. Esse novo ceticismo, ingênuo

---

262. Zenão, tendo sido lançado devido a uma tormenta ao porto do Pireu em Atenas, por toda sua vida considerou esse acidente como um benefício da Providência que o colocara diretamente em condição de devotar-se à filosofia e obedecer à voz de um oráculo que lhe ordenara assumir a cor dos mortos, isto é, devotar-se ao estudo dos antigos e sustentar a doutrina deles.
263. Plutarco *in Catone majore*.
264. Ibid. Cícero, *De Republ.*, L. II. *apud.* Nonium *voce* Calumnia. Lactâncio, L. V, c. 14.

em Montaigne, dogmático em Hobbes, disfarçado em Locke, sábio em Bayle, paradoxal, porém sedutor na maioria dos escritores do último século, ocultado agora sob a casca daquilo que se denomina filosofia experimental, arrasta os espíritos para uma espécie de rotina empírica, e denegrindo incessantemente o passado, desencorajando o futuro, objetiva mediante todo tipo de meios retardar a marcha do espírito humano. Não é mais, inclusive, o caráter do verdadeiro e a prova da prova desse caráter que os céticos modernos exigem até o infinito;[265] é a demonstração da própria possibilidade de conhecer esse caráter e prová-lo: nova sutileza por eles deduzida dos esforços infrutíferos feitos por alguns sábios recentemente na Alemanha, para fornecer à possibilidade do autoconhecimento uma base que eles não forneceram.

Direi na minha próxima análise o que impediu esses sábios de encontrar essa base. Antes de terminar esta, devo mostrar aos meus leitores como creio que se podem distinguir as duas espécies de ceticismo de que falei. Uma simples questão dirigida ao filósofo cético revelará pertencer ele à escola de Sócrates ou à de Pirro. É necessário, antes de ingressar em qualquer discussão, que ele responda claramente à seguinte pergunta: Admitis uma diferença qualquer entre o que é e o que não é? Se o cético pertencer à escola de Sócrates, admitirá necessariamente uma diferença e a explicará, o que o tornará reconhecido imediatamente. Se, pelo contrário, pertencer à escola de Pirro, responderá uma de três coisas: ou que admite uma diferença, ou que não a admite, ou que não sabe se existe uma. Se a admite sem explicá-la, está derrotado; se não a admite, cai no absurdo; se sustenta não distingui-la, torna-se tolo e ridículo.

Está derrotado se admite uma diferença entre o que é e o que não é, pois essa diferença, uma vez admitida, prova a existência do ser; a existência do ser prova a existência do cético que responde; e essa existência uma vez provada, prova todas as outras, consideremo-las nele, ou fora dele, o que de momento é igual.

Ele cai no absurdo se não admite diferença entre o que é e o que não é, pois então a ele se prova que 1 é igual a 0, e que a parte é tão grande quanto o todo.

---

265. Era ao que se limitavam os céticos antigos. Ver Sexto Empírico, *Hipotiposes pirroneanas*, L. I, c. 15 e L. II, c. 4, 12 etc. citado por Dégérando, *Hist. comp. des Systèmes de Philos.*, t. III, p. 395.

Ele se torna tolo e ridículo se ousa dizer que ignora se existe realmente uma diferença entre o que é e o que não é, pois então lhe perguntamos: o que fazia com a idade de seis meses, de um ano, de dois anos, há quinze dias, ontem? Seja lá o que responder, provocará o riso, pois como explicar que não o faça ainda?

Eis o pirroniano prostrado, isto é, aquele que professa duvidar de tudo, uma vez que uma só diferença reconhecida o levando irresistivelmente a acolher uma certeza, e que uma certeza milita por todas as outras, ele não duvida mais de tudo; e que, não duvidando mais de tudo, não se trata mais do que de saber do que deve, ou não deve duvidar: o que é o verdadeiro caráter do cético da escola socrática.

[23]
Se mal, abstém-te; se bem, persevera.

Mas ainda que se possa levar o cético absoluto a convir que pode efetivamente existir uma diferença entre o bem e o mal, como ele é forçado a convir que existe uma entre o que é e o que não é, como demonstrei na minha análise anterior, não estará ele no direito de dizer que para saber que o bem e o mal podem diferir entre si no geral (e, consequentemente, existirem separadamente), isso não impede que se os confunda um com o outro em particular? E que ele pode duvidar que o ser humano é capaz de distinguir entre eles até que se lhe tenha provado que não só o conhecimento deles é possível quanto também um conhecimento qualquer? É seguramente avançar muito longe a dúvida. Poderíamos dispensar-nos de responder isso, visto que o cético já interrogado acerca da diferença existente entre o que é e o que não é foi forçado a admiti-lo e assim adquirir um conhecimento qualquer do ser. Mas esqueçamo-lo para examinar por que os sábios alemães eliminaram mal uma dificuldade que impuseram a si mesmos.

Foi Kant, um dos cérebros mais vigorosos que a Europa produziu desde a extinção das luzes\* que, resolvido a findar de um só golpe

---

\*.   ...*depuis l'extinction des lumières,...*: o autor parece se referir, do prisma da história da filosofia, a um crepúsculo do iluminismo na Europa. O iluminismo (*les Lumières*), nascido no século XVIII, foi um importantíssimo movimento filosófico e político encabeçado por pensadores como Montesquieu, Rousseau, Voltaire, D'Alembert e Diderot. (N.T.)

a luta incessante que renascia entre o dogmatismo e o ceticismo, em primeiro lugar concebeu o projeto audacioso de criar uma ciência que determinasse *a priori* a possibilidade, os princípios e os limites de todos os conhecimentos.²⁶⁶ Essa ciência, chamada por ele de *criticismo*, ou método do juízo,²⁶⁷ ele a desenvolveu em várias obras bastante alentadas e de compreensão muito difícil. Não pretendo fazer aqui a exposição dessa ciência, pois um tal trabalho, deslocado em meio a estas análises, me conduziria demasiado longe. Minha intenção se limita a mostrar o ponto onde ela cedeu, e como essa ciência forneceu novas armas aos céticos, não cumprindo a promessa que fizera de determinar o princípio dos conhecimentos.* Suporei, portanto, ser a doutrina de Kant conhecida, ou quase isso. Muitas obras, bastante difundidas na França, a desenvolveram bastante satisfatoriamente aos sábios.²⁶⁸ Direi somente o que os autores dessas obras não puderam dizer, e isso será o resultado geral da impressão que o estudo dessa doutrina produziu em mim: é que Kant, que pretendeu fundar toda sua doutrina em princípios *a priori*, abstração feita de todos os dados da experiência, e que, elevando-se a uma esfera ideal para aí considerar a razão de uma maneira absoluta, independente de seus efeitos, para disso deduzir uma teoria transcendental e puramente inteligível sobre o princípio do conhecimento, fez precisamente o contrário daquilo que queria fazer, pois faltando o que ele buscava, encontrou o que não buscava, isto é, a essência da matéria. Que os discípulos desse filósofo atentem para o que eu lhes digo. Conheci alguns sistemas filosóficos e despendi um esforço bastante grande para compreendê-los. Posso afirmar, porém, que não existe um único sobre a face da Terra em que a matéria primitiva da qual o universo é composto seja caracterizada por traços tão impressionantes como é

---

266. *Kritik der reinen Vernunft* (*Crítica da Razão Pura*), s. 6.
267. Da palavra grega κριτικός, *aquele que está apto a julgar.*
\*. ...*le principe des connaissances.* ..., ou traduzindo mais tecnicamente: ...o princípio gnosiológico. ... (N.T.)
268. Ouço falar, entre outras, da *Histoire comparée des Systèmes de Philosophie* da autoria de Dégérando, e de *Mélanges de Philosophie*, da autoria de Ancillon de Berlin. Esses dois escritores, independentemente do que se diz a seu respeito, analisaram muito bem a parte lógica do kantismo e penetraram, sobretudo o primeiro, na parte racional tanto quanto era possível a homens que escrevem acerca do sistema de um filósofo sem adotarem os princípios dele e se tornarem seus sectários.

naquele de Kant. Julgo impossível tanto conhecê-la quanto descrevê-la. Kant não emprega figura alguma, símbolo algum. Diz o que vê com uma franqueza que teria assustado Pitágoras e Platão; com efeito, o que o professor de Königsberg afirma a respeito da existência e não existência dessa matéria,[269] a respeito de sua realidade intuitiva e sua ilusão fenomenal, a respeito de suas formas essenciais, o espaço e o tempo, e a respeito do trabalho exercido pelo espírito sobre esse ser equívoco que, sempre se engendrando, entretanto jamais existe, tudo isso, ensinado nos mistérios, era exposto claramente apenas aos iniciados. Escutai um momento o que sobre isso foi divulgado nas Índias: é o axioma fundamental da escola dos *Vedantis*, os ilustres discípulos de *Vyasa* e de *Sankara*, axioma conforme os dogmas dos livros sagrados. "A matéria existe, dizem esses filósofos, mas não numa existência como figurada pelo vulgo; ela existe, mas não possui essência independente das percepções intelectuais; com efeito, a existência e a perceptibilidade são, nesse caso, termos intercambiáveis. O sábio sabe que as aparências e suas sensações exteriores são puramente ilusórias e que desapareceriam no nada se a divina energia que sozinha as sustenta fosse suspensa por um momento."[270] Rogo aos discípulos de Kant que atentem para essa passagem e que lembrem que Platão disse a mesma coisa, ora que a matéria existe, ora que não existe,[271] como Justino, o mártir, e Cirilo de Alexandria lhe reprovaram; e como Plutarco e Calcídio o observaram muito bem[272] ao procurarem desculpar essa contradição aparente.

Tentemos agora assinalar o ponto em que Kant se perdeu. Esse ponto, na carreira filosófica que esse sábio se propôs a percorrer parece, de início, de irrisória importância, mas o desvio que causa, ainda que pequeno e quase imperceptível no primeiro momento, não determina menos uma linha divergente que, afastando-se gradativamente da linha reta à medida que se prolonga, acaba por tocar a uma enorme distância do objetivo que Kant se gabava de ter atingido. Esse ponto de desvio (quem poderia crê-lo?) está na má interpretação e má aplicação de uma

---

269. *Kritik der reinen Vernunft*, aqui e ali, em várias passagens.
270. Isso é extraído do *Vedanta*, tratado de metafísica atribuído a Vyasa e comentado por Sankara.
271. Justino, *Cohort. ad. Gent.*, p. 6. Cirilo, *Contr. Julian.*
272. Plutarco, *De Procreat. anim.* Calcídio *in Tim.*, n. 293.

palavra. Preciso aqui de toda a atenção do leitor. O que vou dizer, mostrando o erro do filósofo alemão, servirá de suplemento a tudo que eu já disse no tocante à doutrina de Pitágoras.

Kant, seja por imitação dos filósofos antigos, seja por um efeito de sua própria inteligência, que o colocou ao alcance de conhecer a verdade, considerou o ser humano sob três modificações principais que chamou de faculdades. Afirmei em minha ANÁLISE 12 que tal era a doutrina de Pitágoras. Platão, que em tudo seguia a metafísica desse grande gênio, distinguia no ser humano, como no universo, o corpo, a alma e o espírito; e instalava em cada uma das modificações da unidade particular ou universal que os constituíam, faculdades análogas que, se desenvolvendo por seu turno, davam origem a três modificações novas das quais elas se tornavam a unidade produtora.[273] O resultado era que cada ternário apresentava-se em seu desenvolvimento sob a imagem de um triplo ternário e formava, graças à sua reunião com a unidade, primeiramente o quaternário e, em seguida, a década.[274] Ora, o filósofo alemão, sem explicar o princípio que o leva a considerar o ser humano sob três faculdades principais, as enuncia; sem dizer a qual modificação particular ele as relaciona, isto é, sem prevenir se essas faculdades são físicas, anímicas ou intelectuais; se pertencem ao corpo, à alma ou ao espírito: primeiro erro que o conduziu a um segundo do qual irei falar.

Para exprimir essas três faculdades, Kant se serviu de três palavras tomadas de sua língua e sobre cujo sentido convém determos nossa atenção. Chamou de *Empfindlichkeit* a primeira dessas faculdades, de *Verstand* a segunda, e de *Vernunft* a terceira. Essas três palavras são excelentes. Trata-se apenas de compreendê-las bem e de explicá-las bem.

---

273. Platão *in Timeu, Teeteto, A República*, L. IV. Conferir Proclo, *Comment. in Tim.*, L. I. Marco Aurélio, L. IV, L. IX e L. XII; e Beausobre, *Hist. du Manich.*, t. II, p. 175 etc.
274. A ideia de assim gerar o quaternário a partir da unidade e a década a partir do quaternário, está literalmente expressa nos seguintes versos de Pitágoras, conservados por Proclo:

...Πρόεισιν ὁ Θεῖος ἀριθμὸς / Μουνάδος ἐκ κευθμῶνος ἀκηράτου, ἔστ' ἂν ἵκηται / Τετράδ' ἰωὶ ζαθέην, ἥ δὴ τέκε μητέρα πάντων, / Πανδεχέα, πρέσβειζαν, ὄζον περὶ τιθεῖσαν, / Ἄτροπον, ἀκαμάτην, δεκάδα κλείουσί μιν ἁγνὴν.

A mônada, do número é a fonte sagrada; / É dela que ele emana e de quem as virtudes possui / Das quais brilha a tétrada, mãe universal, / Que tudo produz e em seu seio encerra / A imortal década em todos os lugares honrada.

A palavra *Empfindlichkeit* exprime uma espécie de faculdade que consiste em tirar de fora, tatear interiormente e considerar bom ou mau.[275] Foi bem traduzida para o francês pela palavra *sensibilité*\*.

A palavra *Verstand* designa a espécie de faculdade que consiste em estender para longe, em transportar-se de um ponto central para todos os pontos da circunferência, a fim de apreendê-los.[276] Foi traduzida suficientemente bem para o francês pela palavra *entendement*\*\*.

A palavra *Vernunft* aplica-se à espécie de faculdade que consiste em optar à distância, em querer, em escolher, em eleger o que é bem.[277] Foi traduzida para o francês pela palavra *raison*\*\*\*; é, porém, péssimo traduzi-la, embora nela esteja presente o verdadeiro sentido que lhe tenha dado Kant.

Teria sido necessário que esse filósofo compreendesse melhor a origem dessa palavra, e que dela fizesse um uso mais preciso, caso em que seu sistema teria tomado outra direção e ele teria atingido o seu objetivo.

---

275. A raiz próxima dessa palavra é *find*, de onde se derivou *finden*, encontrar, descobrir; sua raiz distante é *Hand*, mão, a sede do tato, de onde deriva *Finger*, dedo, o que tateia; sua raiz primitiva é אד ou יד (*ad* ou *id*), mão em fenício. Esta última raiz, nasalando-se com a final e aspirando-se com a inicial, produziu *Hand*, mão; *Fang*, captura e *Find*, descoberta. A sílaba *Emp*, que precede a raiz *find*, exprime o movimento que tira de baixo para cima; *lich* designa o que qualifica por identidade, e *keit* o que substantiva.

\*. Português: sensibilidade. (N.T.)

276. A raiz dessa palavra é *Stand*, coisa fixa, posição; sua raiz distante é *Stat*, o que é permanente. Sua raiz primitiva é שדד (*shdad*), mão firme, força, constância. A sílaba inicial *Ver* exprime o movimento que leva adiante, que transporta do lugar em que se está para aquele em que não se está.

\*\*. Português: entendimento. (N.T.)

277. A raiz próxima dessa palavra, bem como sua raiz distante desapareceram do alemão moderno, onde dela tudo que se encontra são derivados. Sua raiz primitiva está na palavra latina *opt*, de onde provém *opto*, escolho, e *optime*, muito bem. Essa raiz vincula-se ao fenício עזף (*whoph*), toda coisa que se eleva acima de outra coisa. Foi nasalada na palavra alemã, e nesta mudou de *ph* para *ft*. É dela que deriva o vocábulo saxônico, inglês, belga e dinamarquês *up*, que exprime o movimento to de tudo que tende para o alto. Daí a palavra alemã *Luft*, ar, e a palavra inglesa *aloft*, o que é elevado. A preposição *ver* tomou a final *n* instalando-se diante de *unft*, como a carrega constantemente no seu análogo *fern*, o que é distante. Assim se diz *Fernglass*, luneta com a qual se vê de longe (binóculo).

\*\*\*. Português: razão. (N.T.)

Era necessário que ele a mostrasse a nós em seu sistema e que nele visse ele mesmo o que é realmente aí, a saber, a *inteligência* e não a razão.

Percebe-se bem que a faculdade que Kant designa pela palavra *Empfindlichkeit,* sensibilidade, pertence à parte física do ser humano; que aquela que exprime pela palavra *Verstand,* entendimento, reside em sua parte anímica. Mas não há absolutamente como perceber que a que chama de *Vernunft,* e que ele confunde incessantemente com a razão, possa de alguma maneira predominar na sua parte intelectual. Para isso seria necessário que ele a considerasse sob a relação com a inteligência, o que ele não fez. É bem verdade que quis situá-la constantemente no espírito, representando as três faculdades que compõem o ser humano como uma espécie de hierarquia na qual a sensibilidade ocupa a base; o entendimento, o centro; e a razão, o topo; ou como o diz um de seus tradutores, se imaginando essa hierarquia sob o emblema de um império em que a sensibilidade constitui os súditos; o entendimento, os agentes ou os ministros; e a razão, o soberano ou o legislador.[278] Não concebo como Kant, ao atribuir à palavra *Vernunft* o sentido da palavra latina *ratio,* pôde dizer que é o mais elevado grau da atividade de um espírito que goza do poder de toda sua liberdade e da consciência de todas suas forças:[279] nada há de mais falso. A razão não existe na liberdade, mas, ao contrário, na necessidade. Seu movimento, que é geométrico, é sempre forçado: é uma consequência necessária do ponto de partida e nada mais. Examinemo-lo rigorosamente. A palavra *ratio,* cujo sentido foi visivelmente adotado por Kant, nunca traduziu exatamente a palavra grega *logos* na acepção de *verbo*\*; e se os filósofos gregos algumas vezes substituíam *logos* por *nous,* ou o verbo pela inteligência, tomando o efeito pela causa, foi falsamente que os romanos tentaram imitá-los empregando *ratio* no lugar de *mens* ou de *intelligentia.* Nisso provaram sua ignorância e expuseram abertamente os danos funestos que o ceticismo já produzira entre eles. A palavra *ratio* constrói-se sobre a raiz *ra* ou *rat,* que em todas as línguas em que foi acolhida introduziu a ideia de um *traço,* de um *raio,* de uma linha reta tirada de um ponto a

---

278. Dégérando, *Hist. comp. des Systèmes de Philos.*, t. II, p. 193.
279. *Kritik der reinen Vernunft,* s. 24.
\*.   ...*verbe*..., proveniente do latim *verbum,* palavra. (N.T.)

outro.²⁸⁰ Assim, a razão, longe de ser livre, como o sustentou Kant, é o que há de mais constrangido na natureza: é uma linha geométrica sempre submetida ao ponto de onde emana e forçada a ir atingir o ponto para o qual é dirigida, sob pena de cessar de ser ela mesma, isto é, de cessar de ser reta. Ora, a razão, não sendo livre de seu curso, não é nem boa nem má em si; é sempre análoga ao princípio do qual é a consequência. Sua natureza consiste em caminhar reta; sua perfeição não é outra coisa. Caminha-se reto de todas as maneiras, em todas as direções, para o alto, para baixo, para a direita, para a esquerda; raciocina-se corretamente na verdade como no erro, no vício como na virtude: tudo depende do princípio de que se parte e da maneira que se vê. Não é a razão que confere esse princípio; não é mais senhora do objetivo que vai atingir do que a linha reta, traçada no chão, é senhora do ponto a que vai chegar. Esse objetivo e esse ponto são determinados antecipadamente pela posição de quem raciocina ou do geômetra.

A razão existe igualmente nas três grandes modificações humanas, embora sua sede principal seja na alma, segundo Platão.²⁸¹ Há uma razão física atuante no instinto, uma razão moral atuante na alma e uma razão intelectual atuante no espírito. Quando um cão faminto traz ao seu dono uma peça de caça sem tocá-la, ele obedece a uma razão instintiva que o faz sacrificar o prazer de satisfazer seu apetite de preferência a suportar a dor de uma bastonada. Quando um homem morre no seu posto em lugar de abandoná-lo, ele acata uma razão moral que o faz preferir a glória de morrer à desonra de viver. Quando um filósofo admite a imortalidade da alma, ele escuta uma razão intelectual que lhe mostra a impossibilidade de seu aniquilamento. Tudo isso, entretanto, não ocorre a não ser que o cão, o homem e o filósofo estabeleçam princípios verdadeiros, pois se estabelecessem princípios falsos, suas razões – ainda que igualmente bem deduzidas – os conduziriam a resultados opostos; e a peça de caça seria comida, o posto seria abandonado e a imortalidade da alma seria negada.

---

280. Nos idiomas orientais ור (*rou*) indica o raio visual, e רד (*rad*), todo movimento que se determina sobre uma linha reta. Essa raiz, acompanhada da inflexão gutural, se diz *recht* em alemão e *right* em inglês e saxão. Os latinos dela fizeram *rectum*, o que é reto. Nós dispomos de *rature* e *rateau*. Os teutônicos, tomando o reto num sentido figurado, extraíram dessa mesma raiz *Rath*, conselho e *Richter*, juiz.

281. *In Timeu*, citado por Beausobre, *Hist. du Manich.*, t. II, p. 174.

Deve-se agora compreender o erro de Kant em toda sua extensão. Esse filósofo, tendo confundido uma das modificações principais do ser humano, sua inteligência[282], com uma de suas faculdades secundárias, sua razão, cuja sede é na alma, encontrou-se, ao elevar essa razão fora de seu lugar e conferir-lhe uma predominância que ela não possui, a despojar inteiramente a parte espiritual, de modo que meditando incessantemente na parte mediana de seu ser, que acreditava ser a superior, e descendo, encontrou a matéria, conheceu-a perfeitamente e faltou absolutamente ao espírito. O que tomou por ele não era outra coisa senão o entendimento, faculdade neutra, situada entre a sensibilidade que é puramente passiva e a inteligência, que é inteiramente ativa. Fraquejou no sentido de fixar aí seu pensamento e a partir desse momento tudo foi perdido. A razão invocada por ele para ensinar-lhe a distinguir, em suas ideias, a parte que é suprida pelo espírito daquela que é dada pelos objetos, só podia mostrar-lhe a linha reta que ela descrevia em seu entendimento. Essa linha, afundando-se na matéria, em lugar de elevar-se às regiões inteligíveis, ensinou-lhe que tudo o que não correspondia a uma experiência possível não podia fornecer-lhe o objeto de um conhecimento positivo, e que assim todas as grandes questões sobre a existência de Deus, a imortalidade da alma, a origem do universo, tudo o que diz respeito à teosofia, à cosmologia – tudo que, enfim, é inteligível – não podia instalar-se na ordem de seus conhecimentos.[283] Essa catástrofe, por mais inevitável que fosse, nem por isso foi menos mordaz. Era bizarro ver um homem que acabava de prometer assentar sobre bases irrefutáveis a possibilidade e os princípios de todos os conhecimentos, anunciar friamente que Deus, o universo, a alma não podiam ser seus objetos, e logo descobrir, impulsionado pela força de seus raciocínios, que a própria realidade dos objetos físicos pelos quais os sentidos são afetados é apenas fenomenal, que não se pode de maneira alguma saber o que são, mas somente o que parecem ser;[284]

---

282. A palavra *intelligence* (inteligência), em latim *intelligentia*, é formada das duas palavras *inter eligere* ou *elicere*, escolher, atrair interiormente para si, e por simpatia. A etimologia da palavra exprime exatamente o uso da faculdade.
283. *Kritik der reinen Vernunft*, s. 662, 731. Dégérando, *Hist. comp. des Systèmes de Philos.*, t. II, p. 230.
284. *Kritik der reinen Vernunft*, s. 306, 518, 527 etc.

e que nosso próprio eu, considerado como objeto, não passa também para nós de um fenômeno, uma aparência, sobre cuja íntima essência nada podemos aprender.[285] Kant percebeu bem a terrível contradição em que caía, mas em lugar de voltar corajosamente sobre seus próprios passos e procurar, acima da razão, os princípios dos conhecimentos que ela não possui, prosseguiu no seu movimento descendente, que denominava transcendental, e foi exumar abaixo dessa *razão pura*, uma certa *razão prática* à qual confiou os destinos dos maiores objetos dos quais pudesse o ser humano se ocupar: Deus, a natureza e ele mesmo. Essa razão prática, que não é outra coisa senão o *senso comum* devia, segundo ele, levar o ser humano a crer naquilo que não lhe é dado conhecer[286] e o comprometer, devido à necessidade de sua própria felicidade, a seguir as sendas da virtude e a admitir o sistema de renumeração que decorre da existência de Deus e da imortalidade da alma. Assim, esse senso comum, já invocado em apoio da existência dos objetos físicos, que Berkeley reduzia ao nada, foi convocado sob outro nome para sustentar a existência dos seres espirituais, que Kant confessava escapar à ação de sua razão pura. Mas essa faculdade, em vão proposta por Shaftesbury,[287] por Hutcheson,[288] por Reid,[289] por Oswald,[290] pelo próprio célebre Pascal,[291] para conferir um apoio às verdades primeiras e fornecer os princípios de nossos conhecimentos físicos e morais; essa faculdade – digo – cuja sede está no instinto, foi facilmente rejeitada como incompetente para pronunciar-se acerca de objetos que estão fora de sua jurisdição; com efeito, compreendeu-se bem que era abandonar esses objetos às prevenções do vulgo, às suas opiniões errôneas, às suas paixões cegas; e que a razão prática, ou o senso comum, atuando em cada ser humano segundo a extensão de seus pontos de vista, jamais abrangeria senão verdades relativas, e criaria tantos princípios quanto indivíduos. Não era isso, adicionalmente, mais ferir o próprio senso

---

285. Ibid., s. 135, 157, 399 etc.
286. *Kritik der praktischen Vernunft* (*Crítica da Razão Prática*), s. 5, 22, 219, 233 etc.
287. *Characteristics,* Londres, 1737.
288. *Système de Philos. morale,* t. I, cap. 4.
289. *Inquiry into the human mind, on the principle of common sense.*
290. *An Appeal to common Sense etc.* Edimburgo, 1765.
291. *Pensamentos,* par. 21.

comum do que a ele submeter a inteligência e a razão? Não era isso subverter a natureza e, por assim dizer, mais fazer jorrar a luz de baixo para cima do que buscar no particular a lei que rege o universal?

Os céticos viram o triunfo de todas essas coisas, mas tudo que o triunfo delas provou foi a sua debilidade, pois a razão cujo nada demonstraram constitui a única arma de que podem se servir. Essa faculdade confundida em Kant os deixa impotentes e os entrega sem defesa aos axiomas irresistíveis que a inteligência enuncia *a priori* sobre as verdades primordiais e os princípios fundamentais do universo, como a sequência destas análises mostrará.

[24]
Pondera meus conselhos; ama-os; segue-os todos:
Às divinas virtudes saberão conduzir-te.

Falei bastante extensivamente dos céticos. Mas julguei ser isso necessário explicando uma obra dogmática cujo espírito é inteiramente oposto àquele do ceticismo. Quando Lísis escrevia na Grécia, não havia ainda ninguém que colocasse em dúvida nem a existência dos deuses, nem a do universo, nem a distinção a ser feita entre o bem e o mal, a virtude e o vício. Arcesilau e Pirro não eram nascidos e as nuvens que eles elevaram posteriormente em torno desses grandes objetos da meditação dos sábios não eram sequer suspeitadas. Os espíritos pendiam mais para a credulidade do que para a dúvida, mais para a superstição do que para o ateísmo; era mais necessário estabelecer limites para sua curiosidade do que estimular sua indiferença. Nessa época os filósofos envolviam a verdade em véus, e tornavam difíceis as vias da ciência para que o vulgo não as profanasse. Sabiam aquilo que se esqueceu por demais, ou seja, que nem todas as espécies de madeira são próprias para fazer um Mercúrio.* Por isso seus escritos eram obscuros e sentenciosos visando a desestimular não os que teriam podido duvidar, mas os que não estavam em condição de compreender.

Hoje que os espíritos estão mudados, mais importa atrair aqueles que podem receber a verdade do que afastar aqueles que não podem; estes

---

\*. O autor parece se referir às estátuas parciais (apenas cabeça ou, às vezes, cabeça e busto) que eram feitas na Grécia antiga do deus olímpico Hermes. (N.T.)

últimos se afastam suficientemente por si mesmos, uma vez que estão persuadidos ou de a possuírem ou de não terem necessidade dela. Tracei a história do ceticismo e mostrei sua origem e os lamentáveis efeitos de sua influência absoluta e desordenada, não para reconduzir os céticos de profissão, mas no empenho de impedir que os homens que pairam ainda na incerteza se tornem céticos. Tentei mostrar-lhes mediante o exemplo de um dos maiores pensadores da Alemanha, mediante o exemplo de Kant, que a razão por si só, não importa se acompanhada de alguns talentos, não pode deixar de conduzi-los ao nada. Mostrei-lhes que essa faculdade tão louvada nada é por si mesma. Contentei-me com o exemplo do professor de Königsberg, mas se não houvesse temido a prolixidade teria acrescido o exemplo de Berkeley e o de Espinosa. As catástrofes opostas desses três sábios formam um impressionante contraste. Kant, seguindo passo a passo os rastros de sua razão pura chega a ver que o conhecimento das coisas inteligíveis é impossível e encontra a matéria; Berkeley, conduzido pela mesma razão, prova que a existência da matéria é ilusória e que tudo é espírito; Espinosa, extraindo argumentos irresistíveis dessa mesma faculdade, mostra que só existe e pode existir uma única substância e que, assim, espírito e matéria constituem apenas uma unidade. E não pensai que, armado tão só da razão, poderíeis combater separadamente Espinosa, Berkeley ou Kant: os sistemas contraditórios deles se chocarão inutilmente; derrotar-vos-ão e vos impelireis para o abismo tenebroso e sem fundo do ceticismo.

Ora, como é possível produzir isso? Eu vos disse: porque o homem não é um ser simples. Fixai bem essa verdade. O homem é triplo e é conforme sua unidade volitiva opera em uma ou outra de suas modificações que ele é levado a ver desta ou daquela maneira. Platão o disse com base em Pitágoras e eu vos digo isso não somente com base em Pitágoras e Platão, mas com base em todos os sábios e todos os teósofos da Terra. Platão instalava na modificação superior e espiritual, composta do *mesmo*, isto é, da substância indivisível do universo, *o egemonikon*,[292] ou o assentimento intelectual; na modificação inferior e material, composta do *outro* ou do *diverso*, isto é, da substância divisível, *o fysikon*,[293]

---

292. Em grego τὸ ἡγεμονικόν, o que predomina e rege, o que é inteligível.
293. Em grego τὸ φυσικόν, o que pertence à natureza geradora, o que é físico e sensível.

ou a sensibilidade física; na modificação mediana ou a alma propriamente dita, composta da essência, isto é, das partes mais sutis da matéria, elaboradas pelo espírito, o *logikon*,[294] ou o sentimento moral, lógico ou racional. Encontra-se em Plutarco o resumo da doutrina de um filósofo denominado Sula, que admitindo, como Platão, que o ser humano é um composto de espírito, de alma e de corpo, dizia que o corpo origina-se da Terra, a alma da lua e o espírito do sol.[295] Mas sem nos preocupar por ora com a origem dessas três partes, uma vez que com certeza a Terra, a lua e o sol que esse filósofo lhes destinava como princípios, são coisas dificílimas de conhecer em si mesmas, contentemo-nos em saber, como eu já o disse, que essas três grandes modificações formadoras do quaternário humano manifestam-se pela sensação, o sentimento e o assentimento, e desenvolvem as faculdades principais do instinto, do entendimento e da inteligência. O instinto é a sede do senso comum; o entendimento, aquela da razão; e a inteligência, aquela da sagacidade ou da sabedoria. Impossível ao ser humano jamais adquirir alguma ciência, algum conhecimento verdadeiros se, a favor da inteligência que elege o princípio e o enuncia com sagacidade, o assentimento não se determina; com efeito, não se sabe, não se conhece jamais verdadeiramente senão aquilo que a inteligência consentiu. Todos os resultados que o entendimento privado de inteligência obtém por meio da razão não passam de opiniões; aqueles entre esses resultados que se demonstram rigorosamente à maneira dos geômetras, são identidades; o senso comum, mesmo transportado para o entendimento, neste proporciona apenas noções, cuja certeza, não importa de que modo esteja fundada na experiência, não ultrapassa jamais aquela da sensação física, cuja autoridade fugaz e limitada não tem nenhum peso no assentimento das verdades inteligíveis.

Ousemos agora divulgar um segredo dos mistérios, ao qual aludia Pitágoras quando dizia: que nem todas as espécies de madeira são próprias para fazer um Mercúrio; e apesar do preconceito vulgar que se opõe a essa verdade, afirmemos que a igualdade anímica entre os seres

---

294. Em grego τὸ λογικόν, o que pertence à natureza racional, o que é lógico, a coisa que faz com que outra coisa seja. Ver Platão, *in Timeu* e conferir com Beausobre, *Hist. du Manich.* t. II, p. 174.
295. Plutarco, *De Facie in Orb. lun.*, p. 943.

humanos é uma quimera. Sinto que aqui vou ferir muito ideias teológicas, e pôr-me em oposição a vários paradoxos brilhantes que filósofos modernos, mais virtuosos do que sábios, suscitaram e sustentaram com mais talento e razão do que com sagacidade. Mas a força de meu assunto arrasta-me, e como explico a doutrina de Pitágoras, é necessário que eu diga por que Lísis, após haver examinado e recomendado minuciosamente todas as virtudes humanas na parte purgativa de seu ensinamento, recomeça uma nova instrução na parte da união e promete conduzir às virtudes divinas. Essa distinção importante que faz entre essas duas espécies de virtudes, foi feita por Platão, Aristóteles, Galeno e por muitos outros filósofos da antiguidade.[296] Um deles, ao qual devemos o conhecimento e a explicação de muitos segredos místicos (que, a despeito do extremo cuidado empregado para ocultá-los, eram divulgados fora dos santuários), Macróbio, realizou uma comparação entre os graus da iniciação e aqueles que eram admitidos no exercício das virtudes; e ele computa quatro.[297] Esse número, que se relaciona ao quaternário universal, tem sido o mais constantemente seguido, ainda que haja variado, entretanto, de três a sete. O número *três* era considerado pelos antigos como o princípio da natureza e o número *sete* como seu fim.[298] Os graus principais da iniciação eram em número de três, como são ainda hoje os graus de aprendiz, companheiro e mestre na franco-maçonaria. Daí provinha o epíteto de Triplo concedido à misteriosa Hécate e mesmo a Mitras, considerado como o emblema dos conhecimentos místicos.[299] Juntavam-se por vezes três graus secundários aos três principais e eram terminados por uma revelação extraordinária que, elevando o iniciado à posição de *Epopte**, ou de vidente por excelência, lhe proporcionava o

---

296. A primeira espécie de virtudes chamava-se ἀνθρώπινη, humana, e a segunda ἡρωϊκή καὶ θεῖα, heroica e divina. Deve-se atentar para tais epítetos, os quais se relacionam às três faculdades principais do ser humano. Aristóteles, *Ética a Nicômaco*, L. VII, c. I. Platão, *in Teeteto*. Galeno, *in Cognit. et Curat. morb. anim.* L. I, c. 3 e 6. Teod. Marcil. *in Aur. Carmin.*
297. *In Somn. Scip.*, c. 8.
298. Aristóteles, *Do Céu* [Obra publicada em *Clássicos Edipro*. (N.E.)], *Do Universo*, L. I. Fílon, *De Mund. opific.*
299. Pausânias *in Corinth.*, p. 72, Tzetz *in Schol.*
*. Grego ἐπόπτης: era, por exemplo, nos mistérios de Elêusis, o mais elevado grau de iniciação. (N.T.)

verdadeiro significado dos graus que ele já percorrera,[300] mostrava-lhe a natureza desvelada[301] e o admitia à contemplação das luzes divinas.[302] Eram reservados exclusivamente ao *Epopte* a queda do derradeiro véu e o afastamento da vestimenta sagrada que cobria a estátua da deusa. Essa manifestação, chamada de Epifania,* fazia suceder o brilho mais resplandecente às trevas que, até então, tinham circundado o iniciado. Dizem os historiadores que era preparada por quadros aterrorizantes e alternativas de terror e de esperança.[303] O grau de *Eleito* substituiu o de *Epopte* entre os franco-maçons sem oferecer, de muito perto, os mesmos resultados. As formas foram praticamente conservadas, mas o fundo desapareceu. O *Epopte* de Elêusis, da Samotrácia ou de Hierápolis considerava-se como o primeiro entre os homens, o favorito dos deuses e o possuidor dos tesouros celestes; o sol brilhava com uma claridade mais pura ao seu olhar; e a virtude sublime por ele adquirida em provas cada vez mais difíceis e lições cada vez mais elevadas lhe outorgava a faculdade de discernir o bem e o mal, a verdade e o erro e fazer deles uma livre escolha.[304]

Mas se os diversos graus da iniciação exprimiam simbolicamente os diferentes graus de virtudes que os homens podem em geral atingir, as provas a que eram submetidos a cada novo grau faziam conhecer em particular se o homem que se apresentava para obtê-lo era digno dele. Essas provas eram inicialmente bastante leves, mas iam aumentando de tal modo que a vida do recipiendário era nelas frequentemente exposta. Por meio delas desejava-se conhecer a que espécie de homem ele pertencia e verificar no crisol do terror e dos sofrimentos a têmpera de sua alma e o título de sua vocação à verdade. Sabe-se suficientemente bem que Pitágoras só deveu à sua paciência extrema e à coragem com a qual superou todos os obstáculos o ser iniciado nos mistérios egípcios.[305] Os que chegavam, como ele, ao último grau da iniciação eram raríssimos;

---

300. Suidas, *in* Επόπ. Harpócrates, ibid.
301. Clemente de Alexandria, L. V, p. 582.
302. Pselo, *ad. Oracul. Zoroastr.*
\*.   Grego ἐπιφάνεια. (N.T.)
303. *Mystères d'Eleusis*, c. 12. Dion Crisóstomo, *Orat.* XII.
304. Sófocles, *apud* Plutarco, *De audiend. Poct. Schol.* Aristófanes, *De Pace.*
305. Porfírio, *Vita Pythag.*, p. 5.

a maioria detinha-se no segundo grau e pouquíssimos chegavam ao terceiro. Ministrava-se a todos lições proporcionais às suas forças e àquelas faculdades que se reconhecera ser neles predominantes, pois, e é aqui o ponto essencial desta análise, aprendia-se nos santuários a dividir a massa da humanidade em três grandes classes, dominadas por uma quarta mais elevada, segundo as relações que se estabelecia entre as faculdades humanas e as partes do universo aos quais correspondiam. Classificavam-se na primeira os seres humanos materiais ou instintivos; na segunda, os homens anímicos; e na terceira, os homens intelectuais. Assim, estava-se bem longe de considerar os homens como iguais entre si. A pretensa igualdade que se ostentava exteriormente era uma pura condescendência aos erros do vulgo, que tendo se apoderado da autoridade na maioria das cidades da Grécia e da Itália, forçava a verdade a dissimular um esplendor que a teria ferido. O culto cristão, erigido sobre a extinção de todas as luzes, nutrido no seio dos escravos e dos últimos cidadãos, santificou na sucessão dos tempos um preconceito favorável ao seu engrandecimento. Contudo, aqueles entre os cristãos chamados de gnósticos[306], devido a conhecimentos particulares que possuíam e nomeadamente os valentinianos, que se gabavam de haver conservado a luz da iniciação, queriam produzir um dogma público do segredo dos mistérios no que respeita a isso, sustentando que a corrupção humana sendo apenas o efeito da ignorância humana e do apego humano à Terra, tudo que se fazia necessário para salvar a humanidade era esclarecê-la acerca de seu estado e sua destinação original.[307] Mas os ortodoxos, que perceberam o perigo ao qual tal doutrina os arrastaria, fizeram com que seus autores fossem condenados por heresia.

Essa condenação, que satisfez o orgulho do vulgo, não impediu que o pequeno número de sábios se mantivesse em silêncio fiel à verdade. Bastava abrir os olhos e afastá-los por um momento da Judeia para ver que o dogma da desigualdade entre os homens servira de base às leis religiosas e civis de todos os povos da Terra, do oriente da Ásia até os limites ocidentais da África e da Europa. Em todo lugar, quatro grandes divisões estabelecidas sob o nome de castas evocavam os quatro principais graus da iniciação e retraçavam sobre a massa da humanidade o

---

306. De γνωσής, *sábio*.
307. Epif., L. I. Plucquet, *Dictionn. des Hérésies,* t. II, p. 72.

quaternário universal. O Egito, no tocante a isso, e em tempos antiquíssimos, dera o exemplo à Grécia;[308] com efeito, essa Grécia, tão ufana de sua liberdade, ou antes, de sua turbulenta anarquia, fora de início submetida à divisão comum, como vemos em Aristóteles e em Estrabão.[309] Os caldeus não eram, relativamente aos povos da Assíria,[310] senão o que eram os magos entre os persas,[311] os druidas entre os gauleses[312] e os brâmanes entre os indianos. Sabe-se suficientemente que junto a este último povo, os brâmanes constituem a primeira e a mais elevada das quatro castas da qual se compõe a nação inteira. A origem alegórica dada pela religião a essas castas prova visivelmente a analogia a que me referi. Eis aqui o que se encontra, a esse respeito, em um dos *shastras*. "Desde a primeira criação, por Brahma, os *brâmanes* nasceram de sua boca; os *shatrias* emergiram de seus braços; os *vaisias*, de suas coxas; e os *sudras*, de seus pés." É dito num outro desses livros, que contém a cosmogonia dos *banians*, que o primeiro homem, chamado Puru, tendo tido quatro filhos, chamados Brahman, Kshetri, Vaísa e Suderi, Deus designou-os para serem chefes das quatro tribos instituídas por ele mesmo.[313] Os livros sagrados dos *burmans* (birmaneses), que parecem anteriores aos das outras nações indianas, estabelecem a mesma divisão. Os *rahans*, que exercem o sacerdócio junto a esses povos, ensinam uma doutrina conforme àquela dos mistérios: dizem que a desigualdade entre os homens é uma consequência necessária de suas virtudes ou de seus vícios passados, e que eles nascem numa nação mais ou menos esclarecida, numa casta, numa família mais ou menos ilustre de acordo com sua conduta anterior.[314] Não é possível estar mais próximo do pensamento de Pitágoras. Mas ninguém o exprimiu com mais vigor

---

308. Diodoro Sículo, L. I. Heródoto, L. II.
309. Aristóteles, *Política*, L. II [Obra publicada em *Clássicos Edipro*. (N.E.)]. Estrabão, L. VIII.
310. Ver Daniel e conferir com Court-de-Gebel., *Monde primitif,* t. VIII, p. 9.
311. *Zend-Avesta,* 14º hâ, p. 127.
312. Pompônio Mela, L. III, c. 2. César, L. VI, c. 14. Pelloutier, *Hist. des Celtes,* L. IV, cap. I, par. 27 e 30.
313. O primeiro *shastra* intitula-se *Djatimala*: ignoro o título do outro, que cito segundo Henry Lord: *Discovery of the Banian Religion, in* Church. Collect. v. VI.
314. *Asiat. Research*, t. VI, p. 254.

e clareza do que Kong-Tse.* Julgo ser desnecessário dizer que esses dois sábios não copiaram um do outro. O assentimento que conferiram à mesma ideia originava-se de algo distinto de uma estéril imitação.

O povo chinês é, desde tempos imemoriais, dividido em quatro grandes classes relativas à posição que as pessoas ocupam na sociedade, segundo as funções que nela exercem,[315] quase como nas Índias. Mas essa divisão, que o longo uso tornou puramente política, é considerada sob outras correspondências pelos filósofos. O ser humano, segundo eles, constitui uma das três potências produtivas que compõem a trindade mediana do universo; com efeito, consideram o universo, ou o grande Todo, como a expressão de uma tripla trindade envolvida e dominada pela unidade primordial, o que constitui para eles uma década em lugar de um quaternário. Essa terceira potência, denominada *Jin*, quer dizer, gênero humano, subdivide-se em três classes principais que, por meio das classes intermediárias admitidas por Kong-Tse, produzem as cinco classes das quais fala esse sábio. "A primeira classe, e a mais numerosa, compreende, diz ele, essa miríade de seres humanos que só agem por uma espécie de instinto imitativo, fazendo hoje o que fizeram ontem, para recomeçar amanhã o que fizeram hoje; e que, fora da condição de discernir ao longe as vantagens sólidas e reais, os interesses de maior importância, desenredam facilmente um pequeno lucro, um vil interesse nas menores coisas e possuem suficiente habilidade para obtê-los. Esses homens possuem *um entendimento* como os outros, porém esse entendimento não vai além dos *sentidos*; nunca veem e nunca ouvem nada além dos olhos e dos ouvidos de seus corpos. Eis aí o povo.

A segunda classe compõe-se, segundo o mesmo sábio, dos homens instruídos nas ciências, nas letras e nas artes liberais. Esses homens se propõem um fim naquilo que empreendem e conhecem os vários meios que se pode tomar para atingi-lo; eles não penetraram a essência das coisas, mas as conhecem suficientemente para discorrer sobre elas com amenidade e ministrar lições sobre elas aos outros; seja no discurso, seja na ação, são capazes de conferir *razão* ao que dizem ou ao que fazem, comparar os objetos entre si e deles tirar as conclusões justas no que toca ao que é prejudicial ou proveitoso: são os artistas, os letrados,

---

\*. Confúcio. (N.T.)
315. *Mém. concern. les Chinois*, t. II, p. 174 ss.

aqueles que se ocupam das coisas onde deve ingressar o *raciocínio*. Essa classe pode influir nos costumes e mesmo no governo.

A terceira classe, continua Kong-Tse, compreende aqueles que em suas palavras, em suas ações e no conjunto de sua conduta jamais se afastam do que é prescrito pela RETA RAZÃO; que fazem o bem sem qualquer pretensão, mas somente porque é o bem; que jamais mudam e se mostram os mesmos tanto na adversidade como na felicidade. Esses homens falam quando é preciso falar e se calam quando é preciso calar-se. Não se contentam em haurir as ciências nos diversos canais destinados a transmiti-las, mas remontam até a fonte. Eis aí os filósofos.

Aqueles que nunca se afastam da regra fixa e imutável que traçaram para si, que cumprem com extrema exatidão e uma constância sempre igual até as suas mínimas obrigações, que combatem suas paixões, vigiam-se incessantemente e barram a eclosão dos vícios; aqueles, enfim, que não proferem uma única palavra que não seja moderada e que não possa servir de instrução e que não temem nem a dificuldade nem o trabalho para fazer prosperar a *virtude* em si mesmos e nos outros, constituem a quarta classe que é a dos indivíduos virtuosos.

A quinta classe, essa enfim, acresce Kong-Tse, que é a mais elevada e a mais sublime, compreende os homens extraordinários que reúnem em suas pessoas as qualidades do espírito e do coração aperfeiçoadas pelo feliz hábito de cumprir voluntária e jubilosamente o que a natureza e a moral harmoniosa e simultaneamente impõem aos seres racionais que vivem em sociedade. Imperturbáveis em seu gênero de vida, tais como o sol e a lua, o céu e a Terra, nunca interrompem suas operações benfeitoras; agem pela INTELIGÊNCIA e, como os *espíritos*, veem sem serem vistos. Essa classe, muito pouco numerosa, pode ser chamada a dos perfeitos e dos santos."[316]

Transcrevi o que se acabou de ler sem mudar uma só palavra. Se o leitor concedeu a esse trecho a atenção que ele merece, nele terá visto a doutrina de Pitágoras tal como a expus, e a importante distinção entre o instinto, a razão e a inteligência, tal como eu a estabeleci; nele terá visto o dogma dos mistérios sobre a desigualdade anímica dos seres humanos da qual acabo de falar, e nele terá facilmente reconhecido, na reta razão que constitui a terceira classe, segundo o teósofo chinês, a razão pura

---

316. *Vie de Kong-Tzée*, p. 237 ss.

que dirigiu o filósofo alemão no estabelecimento do criticismo. Essa reta razão, por estar assaz próxima das virtudes humanas, está ainda sumamente distante da sabedoria, que é a única a conduzir à verdade. Poderia, entretanto, atingi-la, pois nada é impossível à vontade humana, como já o expressei com suficiente ênfase.[317] Seria, porém, necessário para isso conquistar virtudes divinas, e do mesmo modo que nos elevamos do instinto ao entendimento pela purificação, passar do entendimento à inteligência pela perfeição. Lísis oferece os meios para isso: é pelo autoconhecimento que ele promete conduzir a essa meta desejada; ele o assegura, atesta-o em nome do próprio Pitágoras:

[25]
Isto eu juro por aquele que gravou em nossos corações
A tétrada sagrada, símbolo imenso e puro,
Fonte da natureza e paradigma dos deuses.

Arrastado por meu tema esqueci de dizer que, segundo Porfírio, faltam no texto dos *Versos Dourados*, tal como transmitido por Hiérocles, dois versos que devem ser colocados imediatamente antes daqueles pelos quais se abre a parte da união da doutrina de Pitágoras, denominada *perfeição*.* Ei-los:

Πρῶτα μὲν ἐξ ὕπγοιο μελίφρονος ἔνπανισὰς,
Ε᾽ ν μάλα ποιπνευέιν ὅο᾽ἐν ἤματ ἔργα τελέσσεις.[318]

Desde o instante em que despertares, serenamente examina,
O que te resta fazer e que realizar é preciso.

Esses versos, que exprimem o propósito geral dessa última parte, são notáveis e não se concebe como Hiérocles os tenha ignorado ou negligenciado. Ainda que nada, é verdade, acrescentem ao sentido próprio, dizem, contudo, muito no sentido figurado; servem de prova à divisão desse poema que o próprio Hiérocles adotou sem exprimi-la. Lísis indica com suficiente ênfase que ele vai passar a um novo ensina-

---

317. Ver a ANÁLISE 12.
*.  Em grego: ΤΕΛΕΙΟΤΗΣ. (N.T.)
318. Porfírio, *Vita Pythag*.

mento: chama a atenção do discípulo de Pitágoras para o novo caminho que se abre diante dele e para os meios de percorrê-lo e alcançar as virtudes divinas que devem coroá-lo. Esse meio é o autoconhecimento, como eu disse. Esse conhecimento, tão recomendado pelos antigos sábios, tão exaltado por eles, conhecimento que devia franquear as vias de todos os demais e proporcionar a chave dos mistérios da natureza e das portas do universo; esse conhecimento, digo, não podia ser exposto desveladamente à época em que vivia Pitágoras, por causa dos segredos que teria sido necessário revelar. Assim, esse filósofo tinha o costume de anunciá-lo sob o emblema da tétrada sagrada, ou do quaternário.\*
Eis por que Lísis, atestando o nome de seu mestre, o designa nessa ocasião pelo caráter mais impressionante de sua doutrina. "Isto eu juro, diz ele, por aquele que revelou à nossa alma o conhecimento da tétrada, esta fonte da natureza eterna": quer dizer, isto eu juro por aquele que, ensinando à nossa alma conhecer a si mesma, colocou-a em condição de conhecer toda a natureza da qual ela é a imagem resumida.

Já em várias de minhas análises anteriores expliquei o que era preciso entender por essa célebre tétrada, e seria talvez aqui o caso de expor seus princípios constitutivos. Mas essa exposição me conduziria demasiado longe. Seria necessário para isso entrar em detalhes sobre a doutrina aritmológica de Pitágoras, que, na falta de dados prévios, se tornariam fatigantes e ininteligíveis. A linguagem dos números de que se servia esse filósofo, a exemplo dos antigos sábios, está hoje completamente perdida. Os fragmentos que nos restaram dela servem mais para provar sua existência do que para esclarecer quanto aos seus elementos, pois aqueles que compuseram esses fragmentos escreviam numa língua que suponham como conhecida, do mesmo modo que nossos sábios modernos ao empregarem a álgebra. Seria indubitavelmente ridículo, se o se quisesse, antes de ter adquirido alguma noção acerca do valor e do emprego dos sinais algébricos, explicar um problema encerrado nesses sinais; ou, o que seria ainda pior, deles se servir pessoalmente para enunciar um problema. Eis, entretanto, o que se tem feito com frequência relativamente à linguagem dos números. Teve-se a pretensão não só de explicá-la antes de tê-la aprendido como também de escrevê-la. A consequência foi reproduzi-la como a mais deplorável coisa

---

\*. Ver nota do tradutor na p. 27. (N.T.)

do mundo. Os sábios, vendo-a assim deformada, com justiça a desprezaram; e como seu desprezo não era racional, eles o fizeram refletir da própria linguagem para os antigos que a haviam empregado. Agiram nisso como em muitas outras coisas, criando eles mesmos a estupidez das ciências antigas e dizendo em seguida: a antiguidade era estúpida.

Esforçar-me-ei algum dia, se encontrar o tempo e as facilidades necessárias, para fornecer os verdadeiros elementos da ciência aritmológica de Pitágoras, e mostrarei que essa ciência era para as coisas inteligíveis o que a álgebra tornou-se entre nós para as coisas físicas; mas só poderei fazê-lo após ter exposto quais são os verdadeiros princípios da música, pois de outro modo eu correria o risco de não ser entendido.

Sem, portanto, nos embaraçarmos com os princípios constitutivos do quaternário pitagórico, contentemo-nos em saber que ele era o emblema geral de toda coisa que se move por si mesma e que se manifesta por suas modificações facultativas; com efeito, segundo Pitágoras, 1 e 2 representavam os princípios ocultos das coisas; 3 suas faculdades, e 4 sua essência própria. Esses quatro números que, reunidos mediante adição, produzem o número 10, constituíam o ser tanto universal quanto particular, resultando que o quaternário que nele é como a virtude, podia tornar-se o emblema de todos os seres, pois não há nenhum que não reconheça princípios, que não se manifeste por faculdades mais ou menos perfeitas e que não goze de uma existência universal ou relativa. Mas o ser ao qual Pitágoras aplicava-se o mais ordinariamente era o ser humano. O ser humano, como eu o disse, manifesta-se como o universo sob as três modificações principais do corpo, da alma e do espírito. Os princípios desconhecidos desse primeiro ternário são o que Platão chama de o *mesmo* e o *diverso*, o *indivisível* e o *divisível*. O princípio indivisível concede o espírito; o princípio divisível, o corpo; e a alma nasce desse último princípio elaborado pelo primeiro.[319] Tal era a doutrina de Pitágoras, de quem Platão a recebera. Tinha sido a dos egípcios, como se pode ver nas obras que nos restam sob o nome de Hermes. Sinésio, que fora iniciado em seus mistérios, diz expressamente que as almas humanas emanam de duas fontes, uma luminosa, que corre do alto dos céus, e a outra tenebrosa, que brota da terra, em cujos abismos profundos se encontra sua origem.[320] Os primeiros

---

319. Platão, *ut supra*.
320. Sinésio, *De Provident.*, c. 5.

cristãos, fiéis à tradição teosófica, acatavam o mesmo ensinamento; estabeleciam uma grande diferença entre o espírito e a alma. Consideravam a alma como saída do princípio material, e não sendo, por conseguinte, nem esclarecida nem virtuosa por si mesma. O espírito, dizia Basilides, é um dom de Deus: é a alma da alma, por assim dizer; ele se une a ela, ele a esclarece, ele a arranca da terra e a eleva consigo ao céu.[321] Beausobre, que relata essas palavras, observa que esse sentimento era comum a vários Pais da Igreja primitiva, e particularmente a Tatiano.[322]

Referi-me com frequência a esse primeiro ternário e mesmo às triplas faculdades que se ligam a cada uma dessas modificações. Mas como o fiz muito reiteradamente, julgo útil dele apresentar aqui o conjunto, para ter a oportunidade de neste reunir, sob um idêntico ponto de vista, a unidade volitiva, que faz resultar o quaternário humano, em geral, e o ser particular, que é o ser humano.

As três faculdades que, como eu declarei, distinguem cada uma das três modificações humanas são a sensibilidade para o corpo, o sentimento para a alma e o assentimento para o espírito. Essas três faculdades desenvolvem o instinto, o entendimento e a inteligência, que produzem graças a uma mútua reação o senso comum, a razão e a sagacidade.

O instinto, situado no grau mais inferior da hierarquia ontológica, é absolutamente passivo; a inteligência elevada ao topo é inteiramente ativa e o entendimento, situado no centro, é neutro. A sensibilidade percebe as sensações, o sentimento concebe as ideias, o assentimento elege os pensamentos: a percepção, a concepção, a eleição são os modos de agir do instinto, do entendimento e da inteligência. O entendimento é a sede de todas as paixões que o instinto alimenta continuamente, excita e tende a desordenar; e que a inteligência purifica, modera e sempre procura pôr em harmonia. O instinto reacionado pelo entendimento torna-se senso comum: percebe noções mais ou menos nítidas segundo a maior ou menor influência que confere ao entendimento. O entendimento reacionado pela inteligência torna-se razão: concebe opiniões tão mais corretas quanto suas paixões são mais calmas. A razão não é capaz mediante seu próprio movimento de alcançar a sabedoria e encontrar a verdade, porque estando colocada no meio de uma esfera e forçada a nesta descrever, do

---

321. Beausobre, *Hist. du Manich.*, t. II, p. 33.
322. Tatiano, *Orat. contr. Græc.*, p. 152.

centro à circunferência, um raio sempre reto e subordinado ao ponto de partida, tem contra si o infinito, isto é, que a verdade sendo uma e residindo num só ponto da circunferência, não pode ser o objeto da razão salvo na medida em que seja conhecida antecipadamente e que a razão seja colocada na direção conveniente para topar com ela. A inteligência, a única que pode colocar a razão nessa direção pelo assentimento que confere ao ponto de partida, não poderia jamais conhecer esse ponto senão pela sabedoria que é o fruto da inspiração: ora, a inspiração é o modo de agir da vontade que, unindo-se ao triplo ternário que acabo de descrever, constitui o quaternário ontológico humano. É a vontade que envolve o ternário primordial em sua unidade, e que determina o movimento de cada uma de suas faculdades segundo seu modo próprio: sem ela não haveria existência. As três faculdades pelas quais a unidade volitiva manifesta-se no triplo ternário são a memória, o juízo e a imaginação. Atuando essas três faculdades numa unidade homogênea, não possuem nem alto nem baixo, não afetam uma das modificações do ser mais do que outra; estão todas onde está a vontade, e a vontade opera a seu critério na inteligência ou no entendimento, no entendimento ou no instinto: ali onde ela quer estar, ela está; suas faculdades a seguem em toda parte. Digo que ela está ali onde quer estar quando o ser é inteiramente desenvolvido; com efeito, segundo o curso da natureza ela está primeiramente no instinto e só passa para o entendimento e para a inteligência sucessivamente, e à medida que as faculdades anímicas e espirituais se desenvolvem. Mas para que esse desenvolvimento ocorra, é necessário que ela o determine, pois sem ela não há movimento. Fixai bem isso. Sem a operação da vontade, a alma é inerte e o espírito estéril. Eis aí a origem dessa desigualdade entre os seres humanos da qual falei. Quando a vontade não sai da miséria, constitui os seres humanos instintivos; quando se concentra no entendimento, produz os seres humanos anímicos; quando atua no espírito, cria os seres humanos intelectuais. Sua perfeita harmonia no ternário primordial e sua ação mais ou menos enérgica no conjunto de suas faculdades, igualmente desenvolvidas, constituem os homens extraordinários dotados de um gênio sublime. Mas os seres humanos dessa quarta classe, que representa a autópsia dos mistérios,[323] são extremamente raros. Basta frequentemente

---

323. Platão *in Górgias*, *Fédon*, *A República*, L. VII. Santo Agostinho, *De Civit. Dei*, L. III, c. I e L. X, c. 29.

uma vontade vigorosa atuando seja no entendimento, seja na inteligência, e aí se concentrando por inteiro, para deixar a humanidade pasma mediante esforços de raciocínio e esplendores de sabedoria, que acarretam o nome de gênio sem o merecer inteiramente. Acabou-se de ver recentemente na Alemanha a razão mais extraordinária, em Kant, falhar no seu objetivo por falta de inteligência; tínhamos visto no mesmo país a inteligência mais exaltada, em Bœhme, desmoronar-se por falta de razão. Tem havido em todos os tempos e entre todas as nações homens semelhantes a Bœhme e Kant. Esses homens erraram por falta de autoconhecimento; erraram devido a uma falta de harmonia que teriam podido adquirir se houvessem dado a si o tempo de se aperfeiçoarem; erraram, porém o seu próprio erro atesta a força de sua vontade. Uma vontade débil, operando seja no entendimento, seja na inteligência, produz somente homens sensatos e homens de espírito. Essa mesma vontade, atuando no instinto, produz os homens astuciosos; e se é vigorosa e violentamente concentrada mediante sua atração original nessa faculdade corpórea, ela constitui os homens perigosos à sociedade, os celerados e os bandidos obscuros.

Após haver feito a aplicação do quaternário pitagórico ao ser humano, e haver mostrado a composição íntima desse ser, imagem do universo, segundo a doutrina dos antigos, eu deveria, talvez, mover as suas diversas molas objetivando mostrar com que facilidade os fenômenos físicos e metafísicos resultantes de sua ação combinada se deduzem daí; tal empreendimento, porém, me arrastaria necessariamente a minúcias estranhas a estas análises. É preciso adiar ainda esse ponto, como adiei vários outros: dele ocupar-me-ei em uma outra obra se os eruditos e os sábios aos quais me dirijo aprovarem o motivo que instalou a pena em minha mão.

[26]
Mas que antes de tudo tua alma, a seu dever fiel,
Invoque com fervor esses deuses cujos auxílios
Com exclusividade podem findar as obras
   que começaste.

Todos os cultos estabelecidos sobre a face da Terra fizeram da oração um dever religioso. Isso, por si só, provaria, se fosse necessário, o que afirmei quanto ao dogma teosófico da liberdade volitiva humana; com efeito, se o ser humano não fosse livre relativamente às suas ações, e se uma fatalidade irresistível o conduzisse à infelicidade e ao crime, do que lhe serviria invocar os deuses, implorar por sua assistência, pedir que dele afastassem males que deviam inevitavelmente esmagá-lo? Se, como ensinava Epicuro, uma impenetrável barreira separava os deuses e os seres humanos; se esses deuses, sepultados em sua beatitude e sua impassível imortalidade, fossem a tal ponto estranhos às infelicidades do ser humano que com elas não se preocupassem, nem para aliviá-las nem para preveni-las, qual o proveito do incenso que ele próprio fazia fumegar ao pé de seus altares?[324] Era, dizia ele, devido à excelência da natureza deles que ele assim os honrava e não por nenhum motivo de esperança ou de temor, da parte deles não esperando nenhum bem e nem temendo nenhum mal.[325] Que miserável sofisma! Como Epicuro podia dizer tal coisa antes de ter explicado nitidamente e sem anfibologia qual é a origem do bem e do mal, a fim de provar que efetivamente os deuses não cooperam nem para o aumento de um nem para a diminuição do outro? Mas Epicuro de modo algum sonhara em dar essa explicação. Por pouco que tivesse se ocupado dela, teria visto bem que de qualquer modo que a tivesse dado, ela teria derrubado a doutrina dos átomos, pois um único princípio, qualquer que seja, não pode produzir simultaneamente o bem e o mal. Entretanto, se não explicou essa origem e se não mostrou de uma maneira peremptória que estamos numa esfera onde reina o mal absoluto, e que, consequentemente, não podemos ter nenhuma espécie de comunicação com aquela onde reside o bem, se manterá sempre evidente que se não estamos numa tal esfera, e se possuímos uma porção de bem, este bem deve vir a nós da esfera onde o bem absoluto tem sua fonte. Ora, essa esfera é precisamente aquela onde Epicuro coloca os deuses.[326] Mas dirá talvez um defensor de Epicuro que o bem que possuímos veio a nós uma única vez da esfera divina e depois disso não nos vem mais. Isso é contrário a mais profunda e mais geral noção que temos da Divindade, aquela de sua imutabilidade, na qual o próprio Epicuro mais se apoia, e da qual resulta que os deuses não poderiam jamais ser senão o que foram, nem fazer senão o que fizeram.

---

324. Diógenes Laércio, L. X, par. 123. Cícero, *De Natur. Deor.*, L. I, c. 30.
325. Cícero, ibid., c. 8 ss.
326. Cícero, *ut supra*.

Em uma palavra, como em mil, todo autor de um sistema obriga-se a fazer uma de duas coisas: ou declarar ele mesmo qual é a origem do bem e do mal, ou admitir *a priori* o dogma teosófico da liberdade humana. Epicuro o sabia e ainda que esse dogma arruinasse por completo as bases de seu sistema, ele ainda assim preferia acolhê-lo do que arriscar-se a dar uma explicação acima de suas forças e daquela de qualquer ser humano. Mas se o ser humano é livre, ele pode ser aconselhado: se pode ser aconselhado, é evidente que pode, que deve mesmo pedir conselhos. Eis aí o princípio racional da oração. Ora, o senso comum indica que nos aconselhemos com aquele mais sábio do que nós, e a sagacidade exibe nos deuses a fonte da sabedoria.

Epicuro, entretanto, negava a intervenção da Providência divina no governo do mundo e sustentava que os deuses, absortos em sua felicidade suprema, não se envolviam em nenhuma ocupação.[327] Uma única questão, simples e cândida, teria derrubado essa asserção destituída de provas e, ademais, em contradição com a conduta do filósofo grego, mas prefiro dirigir essa questão a Bayle, que despendeu muita lógica para sustentá-la. Esse filósofo francês, com o pretexto de criar uma disputa entre Epicuro e um sacerdote politeísta, lança contra a Providência um argumento que julga peremptório e que é, efetivamente, um dos mais sutis que se possa lançar. "Estão os deuses contentes com sua administração ou estão eles descontentes com ela? Atentai bem, diz ele, para o meu dilema: se estão contentes com o que se passa sob sua providência, regozijam-se com o mal; se estão descontentes com isso, são infelizes."[328] A maneira na qual Bayle se arroja em meio à questão sem examinar os princípios dela, o trai como um cético; é preciso, portanto, empregar contra ele as armas que ofereci contra o ceticismo, isto é, reconduzi-lo bruscamente aos princípios, interrogando-o antes de responder-lhe. É preciso perguntar-lhe se admite uma diferença entre o que é e o que não é. Ele é forçado a admiti-lo, como eu disse, pois em qualquer região dele mesmo que sua vontade se refugie, exerça ela seu juízo no instinto, no entendimento ou na inteligência, vós aí o perseguireis opondo-lhe, no primeiro caso, o axioma do senso comum: nada se faz de nada; no segundo, aquele da razão: o que é, é; no último, aquele da sagacidade: toda

---

327. Diógenes Laércio, L. X, par. 123.
328. *Dict. critique*, art. *Epicure* (Epicuro), obs. T.

coisa tem seu contrário, e só pode ter um. Nada se faz de nada, portanto o que não é não pode produzir o que é. O que é, é, portanto o que não é, não é o que é. Toda coisa tem seu contrário e só pode ter um, portanto o contrário absoluto do que é, é o que não é. Se o cético se recusa à evidência do senso comum, da razão e da sagacidade reunidos, ele mente à sua consciência, ou está louco, caso em que é necessário dar-lhe as costas.

Admitida a diferença entre o que é e o que não é, procedei assim contra Bayle, ou contra os que a ele se assemelham. Perguntai-lhes se o ser humano é presa do mal absoluto tanto físico quanto moral. Eles vos responderão que não, pois compreenderão bem que, se respondessem de outro modo, vós lhes provaríeis que não tendo a faculdade de distinguir o bem do mal, nem de compará-los conjuntamente, estão impossibilitados de extrair dessa comparação o seu mais forte argumento contra a Providência. Responderão, portanto, que o ser humano não é presa do mal absoluto, mas de um mal relativo muito grande, tão grande quanto quiserem. Vós, entretanto, prosseguireis assim: se o ser humano não é presa do mal absoluto, ele poderia o ser, uma vez que para isso bastaria suprimir a soma de bem que mitiga o mal, o que a diferença precedentemente estabelecida entre o que é e o que não é ensina a distinguir. Ora, de onde vem essa soma de bem? Quem a dispensa? Quem? Se os céticos se calam, afirmai para eles que ela emana dos próprios deuses e que a Providência é a sua dispensadora. Em seguida, respondei ao dilema deles e dizei que os deuses estão contentes com sua administração, e que eles têm boas razões de estarem, uma vez que por ela eles obtêm uma soma de bem progressivamente crescente para seres que, sem ela, não a conheceriam; e que sua providência que mitigou o mal desde sua origem, ainda o mitiga e o mitigará até o seu fim; e se os céticos em pasmo objetam a vós que a Providência faz em muito tempo o que deveria fazer num piscar de olhos, respondei a eles que não se tratou de saber como nem por que ela faz as coisas, mas somente que ela as faz, o que é provado pela inversão de seu dilema; e que, de resto, é o caso de dizer com mais razão nessa circunstância do que em nenhuma outra, que o tempo nada significa nesse caso, pois nada é para ela, embora para nós ele seja talvez muito.

E, se, continuando a tirar conclusões de vosso raciocínio, os céticos vos dizem que, segundo a efusão contínua de bem que estabeleceis, sua soma deve ser diariamente aumentada, ao passo que a do mal, diminuindo em idêntica proporção, deve enfim desaparecer totalmente, o que eles não veem, respondei que as conclusões de um raciocínio que confunde o deles estão à sua disposição; que dele podem deduzir tanto quanto quiserem, sem por isso vos comprometerdes a discutir a respeito da extensão de seu ponto de vista, seja no passado, seja no futuro, porque cada um tem o seu; que, de resto, deveis à verdade ensinar-lhes que o dogma mediante o qual havíeis feito desmoronar os deploráveis andaimes de sua lógica não é outro senão uma tradição teosófica, universalmente recebida de um extremo a outro da Terra, como é fácil de provar a eles.

Abri os livros sagrados dos chineses, dos *burmans* (birmaneses), dos indianos, dos parses e neles descobrireis traços inequívocos desse dogma. Aqui é a Providência representada sob os traços de uma virgem celeste que, enviada pelo Ser supremo, fornece armas para combater e subjugar o gênio do mal e levar à perfeição tudo que ele corrompera.[329] Lá é o próprio universo e os mundos que o compõem que são assinalados como o instrumento que emprega essa mesma Providência para atingir esse objetivo.[330] Tal era a doutrina secreta dos mistérios.[331] O bem e o mal eram representados nos santuários sob o emblema da luz e das trevas: neles se apresentava ao iniciado o espetáculo formidável do combate desses dois princípios opostos; e depois de muitas cenas de terror, fazia-se gradativamente suceder à mais escura das noites o mais radiante e puro dos dias.[332] Era exatamente o que Zoroastro publicamente ensinara. "Ormuzd, diz esse teósofo, sabia por sua ciência soberana que inicialmente em nada podia influir sobre Arihman, mas que depois ele se mesclaria a ele e, enfim, acabaria por subjugá-lo e mudá-lo a ponto de o universo existir sem mal pela duração de séculos."[333] "Quando o fim do mundo acontecer, diz ele num outro lugar, o mais perverso dos espíritos infernais será puro, excelente, celeste: sim, acrescenta, ele se tornará celeste, esse mentiroso, esse perverso; se tornará santo, celeste,

---

329. *Mém. concern. les Chinois*, t. I, p. 102 e 138.
330. *Asiat. Research*, v. VI, p. 215. Ver os *puranas* intitulados *Bhagwat-Vedam* (*Bhagvad Vedam*) e *Bhagwat-Ghita* (*Bhagvad Gita*) e conferir com as *Recherches asiatiques* (*Investigações asiáticas*), t. V, p. 350 ss. e com a obra de Holwel (*Interest. Hist. Events*), cap. 4, par. 5 etc.
331. Cícero, citado por Santo Agostinho, *Contr. Pelag.*, L. IV. Píndaro, *Olymp.* II, v. 122.
332. *Mystères d'Eleusis*, c. 11. Dion Crisóstomo, *Orat.* 12.
333. *Bun-Dehesh*, p. 347.

excelente, esse cruel: o próprio vício, a respirar tão só virtude, fará publicamente um longo sacrifício de encômios a Ormuzd."³³⁴ Essas palavras são tanto mais notáveis a ponto de não se dever ignorar que o dogma que diz respeito à queda do Anjo rebelde* passou da cosmogonia dos parses para a dos hebreus e que é unicamente com base nesse dogma, mal interpretado pelo vulgo, que se fundou a doutrina contraditória da eternidade do mal e das penas que se seguem a ele. Essa doutrina, precariamente conhecida, foi vivamente atacada.³³⁵ Simão, a propósito pessimamente cognominado *o Mago*, forçou o próprio São Pedro, disputando com ele, a convir que as Escrituras hebraicas nada haviam dito de positivo quanto a esse assunto.³³⁶ Isso é certo. Essas Escrituras, tais como se pode conhecê-las pela interpretação que os judeus helenistas deram delas, com o nome de *Versão dos Setenta*, não oferecem nenhum esclarecimento acerca desse ponto importante. Convém saber, entretanto, que esses intérpretes dissimularam intencionalmente esse esclarecimento, a fim de não divulgar o sentido de seu Livro sagrado. Se entendêssemos bem a língua de Moisés, veríamos que longe de se afastar das tradições teosóficas que ele recebera no Egito, esse legislador teocrata permanece fiel a elas. O lugar de seu *Sefer*,** onde ele fala do aniquilamento do mal no sentido de Zoroastro é no capítulo III, v. 15 da parte vulgarmente chamada de *Gênesis*, como espero mostrá-lo algum dia.³³⁷ Mas sem entrar por ora na discussão para onde me arrastaria a verda-

---

334. *Vendidad Sadé*, 30º *há*.
*.   Lúcifer (latim: *lucifer*, portador da luz): na religião hebraica (judaica), o espírito angelical que se revolta contra Deus, e que, como tal, representa o mal. O mal, assim, não seria, metafisicamente falando, um princípio autônomo, independente do bem e equiparável a ele, mas dele apenas uma transgressão, tanto que, após a insurreição, Lúcifer *sofre a queda* (ou seja, é punido). O mal, inclusive, sob esse prisma, seria acidental e não essencial, transitório e não eterno. (N.T.)
335. *Homil. Clement.* XIX, par. 4, p. 744.
336. Ibid. citado por Beausobre, *Hist. du Manich.*, t. I, p. 38.
**.  Em hebraico ספר (*sefer*), que significa *livro* ou rolo, correspondente ao grego βίβλος. (N.T.)
337. É preciso, antes de tudo o mais, restituir a língua de Moisés, perdida, como eu o disse, há mais de vinte e quatro séculos; é preciso restituí-la sem o concurso do grego e do latim, os quais se ligam a versões ilusórias; é preciso remontar até sua fonte original e descobrir suas verdadeiras raízes: essa obra enorme por mim empreendida, eu a terminei. [O autor se refere à sua obra *La langue hébraïque restituée*. (N.T.)]

deira tradução dessa passagem, que me seja suficiente dizer que os primeiros cristãos foram muito longe em admitir a eternidade do mal, pois sem falar de Manes e de seus numerosos sectários, que compartilhavam com a opinião de Zoroastro,[338] aqueles que são versados nesse tipo de matérias sabem que Orígenes ensinava que as penas não serão eternas e que os demônios, instruídos pelo castigo, enfim se converterão e obterão sua graça.[339] Nisso foi seguido por um grande número de doutores no relato de Beausobre, que alude, no que toca a isso, ao exemplo de um filósofo de Edessa, que sustentava que após a consumação dos séculos, todas as criaturas tornar-se-ão consubstanciais a Deus.[340]

Algo digno de nota é Zoroastro, que fez da oração um dos principais dogmas de sua religião, ter sido imitado nisso por Maomé, que talvez sem o pensar tomou emprestado um grande número de coisas desse antigo legislador dos parses. É presumível que os sectários de Manes, que se retiraram para a Arábia, tenham participado bastante desses empréstimos, a julgar pelas opiniões que difundiram na Arábia. Mas esse dogma, é preciso dizê-lo com franqueza, inteiramente no seu lugar apropriado no *Zend Avesta*, não parece tão convenientemente instalado no *Corão*, pois ao que pode servir num culto em que a predestinação dos seres humanos, necessitada pela presciência e a onipotência divinas, entrega inexoravelmente a maior parte deles a uma danação eterna por conta da mácula original impressa no gênero humano pelo pecado do primeiro homem? Não se pode impedir, ao refletir nessa contradição evidente, de crer que a tradição teosófica no que toca à vontade livre humana e à ação influente da Providência operando o aumento progressivo do bem e a diminuição gradual do mal, abertamente anunciada por Zoroastro, deve ter atuado em segredo no espírito do legislador teocrático da Arábia. Se assim não tivesse sido, as preces que ele ordenava como um dos primeiros e mais essenciais deveres da religião teriam sido destituídas de objeto.

Segundo a doutrina de Pitágoras exposta por Hiérocles, duas coisas concorrem para a eficácia da oração: o movimento voluntário de nossa alma e a ajuda do céu. A primeira dessas coisas é aquela que busca os

---

338. Fortune, *apud* Santo Agostinho, *Disput.* II. Santo Agostinho, *Contr. Faust.* L. XXI, c. ult.
339. Orígenes, citado por Beausobre, *Hist. du Manich.*, t. II, L. V, cap. 6.
340. Beausobre, ibid., t. II, p. 346.

bens, enquanto a segunda é aquela que os mostra. A oração é um meio entre a nossa busca e o dom celeste. Buscaríamos, oraríamos em vão se não juntássemos a oração à busca, e a busca à oração. A virtude é uma emanação de Deus; é como uma imagem refletida da Divindade cuja semelhança constitui por si só o bom e o belo. A alma que se liga a esse tipo admirável de toda perfeição é estimulada à oração devido ao seu pendor para a virtude, e ela aumenta esse pendor pela efusão dos bens que recebe mediante a oração, de modo que produz precisamente o que pede e pede o que produz.[341] No que respeita a isso, Sócrates não se afastava da doutrina de Pitágoras; a ela apenas acrescentava que a oração exige muita precaução e prudência, no receio de que, sem que o percebamos, peçamos aos deuses grandes males pensando que pedimos grandes bens. "O sábio, dizia, sabe o que é necessário dizer ou fazer, o tolo o ignora; um, ao orar, tudo que solicita é aquilo que lhe pode ser verdadeiramente útil; o outro com frequência deseja coisas que, lhe sendo concedidas, tornam-se para ele a fonte das maiores infelicidades. O homem prudente, ele acrescentava, por pouco que duvide de si mesmo, deve nisso confiar-se à Providência, a qual conhece melhor do que ele as consequências que devem resultar das coisas." Eis por que Sócrates citava a título de modelo de senso e de razão a seguinte súplica de um antigo poeta:

> Concedei-me, grandes deuses, o que necessito,
> Quer eu pense quer não pense em pedi-lo a vós;
> E se o objeto de meus desejos a mim for desfavorável,
> Dignai-vos, grandes deuses, a mim não o conceder.[342]

A oração era, como eu disse, um dos dogmas principais da religião de Zoroastro,[343] razão pela qual os parses nela depositavam a maior confiança. Baseavam, como os caldeus, toda a força da magia em sua eficácia. Ainda hoje eles possuem tipos de orações para conjurar as doenças e

---

341. Hiérocles, *Aurea carm.*, v. 49 e 50.
342. Platão, *in Segundo Alcibíades*. [O autor alude a 143a (numeração de Stephanus), ou seja: "...Ζεῦ βασιλεῦ, τὰ μὲν ἐσθλά, φησί, καὶ εὐχομένοις καὶ ἀνεύκτοις ἄμμι δίδου, τὰ δὲ δειλὰ καὶ εὐχομένοις ἀπαλέξειν...;" (que traduzimos aqui modestamente e mais próximos da literalidade: "...Zeus rei, o que nos é favorável, quer o supliquemos quer não o supliquemos, a nós o concedei, enquanto o que nos é funesto, mesmo que o supliquemos, afastai-o..."). (N.T.)]
343. *Vendidad Sadé*, 68º *hâ*, p. 242.

expulsar os demônios. Essas orações, que chamam de *tavids*, são escritas em faixas de papel e portadas como talismãs.[344] Estamos suficientemente cientes de que os judeus modernos usam-nas do mesmo modo. Nisso imitam, como numa infinidade de outras coisas, os antigos egípcios cuja doutrina secreta lhes foi transmitida por Moisés.[345] Os primeiros cristãos não se afastavam das ideias teosóficas no que se refere a esse ponto. Orígenes o justifica claramente referindo-se à virtude ligada a certos nomes invocados pelos sábios egípcios e os mais esclarecidos entre os magos da Pérsia;[346] e o famoso bispo de Ptolemaída, Sinésio, iniciado nos mistérios, declara que a ciência por meio da qual se unia as essências inteligíveis às formas sensíveis pela invocação dos gênios não era nem vã nem criminosa, mas, ao contrário, muito inocente e fundada na natureza das coisas.[347] Pitágoras foi acusado de magia. Trata-se de uma acusação banal com a qual a ignorância e a fraqueza de espírito sempre atingiram a ciência e a força da alma.[348] Esse filósofo, colocado com razão na categoria dos mais hábeis médicos da Grécia,[349] não pertencia, segundo os seus discípulos mais aficionados, nem ao rol dos deuses, nem sequer àquele dos heróis divinizados. Era um homem que a virtude e a sabedoria haviam ornado da semelhança com os deuses graças à completa purificação operada em seu entendimento por meio da contemplação e da oração.[350] Eis o que Lísis exprimia pelos versos que se seguem.

[27]
Instruído por eles, nada então a ti enganará:
Dos seres diferentes sondarás a essência;
Tu conhecerás do todo o princípio e o fim.

Isso significa que o verdadeiro discípulo de Pitágoras posto em relação com os deuses\* pela contemplação, chegava a esse elevado

---

344. *Zend Avesta, Jeshts Sadés*, p. 113.
345. Hermes, *in Asclep.*, c. 9.
346. Orígenes, *Contr. Cels.*, L. I, p. 19.
347. Sinésio, *De Insomn.*, p. 134 ss. Nicef. Greg., *Schol. in Synes.*, p. 360 ss.
348. Ver Naudé, *Apologie des grands Hommes accusés de Magie*.
349. Corn. Cels., *De Re medic.*, L. I. *Præf.*
350. Hiérocles, *Aurea carm.*, v. 48 e 49, e ibid., v. 46.
\*.   ...mis en rapport avec les Dieux... . (N.T.)

grau de perfeição, chamado autópsia*, nos mistérios; via cair diante se si o véu mentiroso que até então lhe ocultara a verdade, e contemplava a natureza nas suas fontes mais remotas. Era necessário para alcançar esse grau sublime que a inteligência, penetrada pelo raio divino da inspiração, preenchesse o entendimento com uma luz suficientemente viva para dissipar todas as ilusões dos sentidos, exaltar a alma e libertá-la completamente da matéria. Era ao menos assim que o explicavam Sócrates e Platão.[351] Esses filósofos e seus numerosos discípulos não estabeleciam limites às vantagens da autópsia ou da teofania**, como às vezes denominavam esse derradeiro grau da ciência teléstica***. Acreditavam que a contemplação de Deus**** podia ser levada tão longe mesmo durante esta vida que a alma não só se unia a esse Ser dos seres, como também se mesclava e se confundia com ele. Plotino se gabava de ter fruído dessa visão beatífica quatro vezes, segundo Porfírio, que assegurava ele mesmo ter sido honrado com ela à idade de 68 anos.[352] A grande meta dos mistérios era ensinar aos iniciados a possibilidade dessa conexão do ser humano com Deus e indicar-lhes os meios para ela. Todas as iniciações, todas as doutrinas mitológicas tão só tendiam a aliviar a alma do peso da matéria, purificá-la, esclarecê-la pela irradiação da inteligência para que, desejosa dos bens espirituais, arremessando-se fora do círculo das gerações, ela pudesse elevar-se até a fonte de sua existência.[353] Se examinarmos com cuidado os diferentes cultos que predominaram ou que ainda

---

\*. Grego: αὐτοψία. Esta palavra designa a ação de ver com os próprios olhos, o que nos autoriza a dizer não só sem o concurso de outrem, mas também ver sem enganos o objeto inteiramente desvelado. (N.T.)

351. Platão *in Górgias, Fédon, A República*, L. VII. Santo Agostinho, *De Civit. Dei*, L. III, c. I e L. X, c. 29.

\*\*. Grego: θεοφανία, literalmente manifestação de um deus, ou manifestação divina. Sem o contato com o deus, o que requer sua manifestação, não haveria autópsia do iniciado. (N.T.)

\*\*\*. Do grego τελεστικός, η, ον, ou seja, que é próprio à iniciação, que diz respeito ao iniciado. A ciência *teléstica* é a ciência da iniciação aos mistérios. (N.T.)

\*\*\*\*. ...*la contemplation de Dieu,...*: o autor, uma vez focando o aspecto iniciático místico, despreza a diferença entre politeísmo e monoteísmo. (N.T.)

352. *Acad. des Inscript.*, t. XXXI, p. 319.

353. Procl. *in Tim.*, L. V, p. 330. Macrobio, *Somn. Scip.*, c. 2, 3, 4 e 6. Hiérocles, *Aurea carm.*, v. 70.

predominam sobre a Terra, veremos que não têm sido animados de outro espírito. O conhecimento do Ser dos seres foi oferecido em todo lugar como o desfecho da sabedoria; sua semelhança como o auge da perfeição; e seu gozo como o objeto de todos os desejos e a meta de todos os esforços. Houve variação na enumeração de suas faculdades infinitas, mas quando se ousou fixar os olhos na unidade de sua essência, foi sempre definida como Pitágoras o fez: o princípio e o fim de todas as coisas. "O Espírito do qual os seres criados procedem, dizem os brâmanes, pelo qual vivem após serem dele emanados, para o qual aspiram e no qual findam ao serem absorvidos, esse Espírito é aquele cujo conhecimento deves ambicionar: é o Grande Ser.[354] – O universo é uma de suas formas.[355] – Ele é o Ser dos seres: sem modo, sem qualidade, sem paixão, imenso, incompreensível, infinito, indivisível, incorpóreo, irresistível: nenhuma inteligência pode conceber suas operações e sua vontade basta para mover todas as inteligências.[356] – Ele é a verdade e a ciência que não perece.[357] – Sua sabedoria, seu poder e seus projetos são como um mar imenso e ilimitado que nenhum ser está em condição nem de atravessar nem de nele se aprofundar. Não há outro Deus senão ele. O universo é preenchido de sua imensidão. Ele é o princípio de todas as coisas sem ter princípios.[358] – Deus é um,[359] ele é eterno. Assemelha-se a uma esfera perfeita que não tem nem começo nem fim. Ele regula e governa tudo o que existe mediante uma providência geral, resultante de princípios fixos e determinados. O ser humano não deve buscar penetrar a natureza nem a essência desse Ser inefável; uma tal busca é vã e criminosa." Eis como se exprimem em vários lugares os sábios indianos. Recomendam aspirar ao conhecimento do Ser dos seres, se tornar digno de ser absorvido em seu seio; e ao mesmo tempo proíbem buscar penetrar sua natureza. Eu já disse que tal tinha sido a doutrina dos mistérios. Vou acrescentar uma reflexão importante a fim de arrojar alguma luz sobre uma doutrina que à primeira vista parece contraditória.

---

354. *Veda,* citado por W. Jones, *Asiat. Research,* t. IV, p. 173.
355. Primeiro *purana*, intitulado *Matsya.*
356. *Bushanda Ramayan.*
357. *Código de Manu,* cap. I, v. 1.
358. *Shanda Purana.*
359. *Ekhammesha.*

O ser humano que aspira, pelo movimento interior de sua vontade, a atingir o último grau da perfeição humana, e que pela purificação de seu entendimento e a aquisição das virtudes celestes se pôs em estado de receber a verdade, deve observar que quanto mais elevar-se na esfera inteligível, quanto mais se aproximar do Ser insondável cuja contemplação deve produzir sua felicidade, menos poderá comunicar o conhecimento dele aos outros, pois a verdade, chegando-lhe sob formas inteligíveis, gradativamente universalizadas, não poderá de modo algum encerrar-se nas formas racionais ou sensíveis que ele desejará conferir-lhe. É aqui o ponto onde muitos contempladores místicos se perdem. Como não tinham aprofundado suficientemente a tripla modificação de seu ser e não conheciam a composição íntima do quaternário humano, ignoravam a maneira em que se produz a transformação das ideias, tanto na progressão ascendente quanto na progressão descendente, de modo que, confundindo incessantemente entendimento e inteligência e não distinguindo entre os produtos de sua vontade segundo a ação desta em uma ou outra dessas modificações, mostravam com frequência o contrário daquilo que acreditavam mostrar, e em lugar de videntes, que talvez teriam sido, tornaram-se visionários. Eu poderia dar um grande número de exemplos dessas aberrações, mas quero me restringir a um único porque o homem que o forneceu a mim, sumamente brilhante em matéria de inteligência, carecia de entendimento e percebia, ele próprio, muito bem a fraqueza de sua razão. Esse homem, cujo olhar audacioso penetrou até o interior do santuário divino, é um sapateiro alemão, de nascimento maximamente obscuro, chamado Jacob Bœhme. A rusticidade de seu espírito, a aspereza de seu caráter, e mais do que tudo isso, a força e o número de seus preconceitos, tornam suas obras quase que ininteligíveis e com razão desagradam os eruditos. Quando, porém, se tem a paciência e o talento necessários para separar o ouro puro de sua ganga e de sua liga, pode-se nelas encontrar coisas que não estão em nenhuma outra parte. Essas coisas, que se apresentam quase sempre sob as formas mais bizarras e as mais ridículas, foram apreendidas passando de sua inteligência para seu instinto, sem que sua razão tenha tido a força de lhes fazer oposição. Eis como ele exprime candidamente essa transformação de ideias: "Agora que me elevei tão alto, não ouso mais olhar atrás de medo de ser tomado por vertigens;... com efeito, na medida de minha ascensão estou seguro de meu progresso; mas não é o mesmo quando viro a cabeça e quero novamente descer, caso em que me perturbo, me perco e me parece que vou cair".[360] E, efetivamente ele caía tão rapidamente que não se dava conta nem da disparidade aterrorizante que havia entre suas ideias e suas expressões, nem das contradições evidentes às quais o arrastavam seus preconceitos.

Esses graves inconvenientes que não atingem o vulgo eram perfeitamente conhecidos e apreciados pelos sábios. Aqueles que instituíram os mistérios não os tinham ignorado e é por isso que haviam imposto o silêncio mais absoluto aos iniciados e, sobretudo, aos *Epoptes*, aos quais eram dados os derradeiros ensinamentos. Faziam-nos facilmente compreender que é somente por transformação que as coisas inteligíveis podem tornar-se sensíveis e que essa transformação exige um talento e mesmo uma autoridade que não podem ser o apanágio de todos os seres humanos.

Eis agora o resultado de minha reflexão. Os diversos cultos estabelecidos na Terra não podem jamais ser senão transformações de ideias, isto é, das formas religiosas particulares mediante as quais um legislador teocrata, ou um sábio teósofo, torna sensível o que é inteligível e põe ao alcance de todos os homens o que teria estado, sem suas formas, somente ao alcance de um modestíssimo número entre eles: ora, essas transformações jamais podem ser realizadas a não ser de três maneiras, segundo as três faculdades do ternário humano, a quarta, que considera seu quaternário ou sua unidade relativa, sendo impossível. Rogo ao leitor que se lembre do que eu disse acerca da composição íntima e do movimento desse quaternário e que me conceda um pouco de atenção.

Sendo igualmente o objetivo de todos os cultos a condução ao conhecimento da Divindade, tudo que os faz diferir entre si é o caminho que traçam para atingi-lo; e esse caminho depende sempre da maneira que a Divindade foi considerada pelo fundador do culto. Se esse fundador a considerou em sua inteligência, viu a Divindade em suas modificações universais e, por conseguinte, tripla, como o universo; se a considerou em seu entendimento, ele a viu em seus princípios criadores e, por conseguinte, dupla como a natureza; se a considerou em seu instinto, ele a viu em suas faculdades e seus atributos e, por conseguinte, infinita como a matéria; se a considerou, enfim, em sua própria

---

360. *Aurore naissante* (*Morgens röte im Aufgang: durch Jacob Böhmen zu Amsterdam*, 1682), cap. 14, par. 41.

unidade volitiva concomitantemente atuando nessas três modificações, viu essa mesma Divindade segundo a força e o movimento de seu pensamento, ou na sua essência absoluta ou na sua essência universal, isto é, una em sua causa, ou una em seus efeitos. Examinai bem o que acabo de dizer e vede se existe um único culto na face da Terra que não possais relacionar a uma das espécies cuja origem foi por mim indicada.

Eu disse que a Divindade, considerada na inteligência humana, mostra-se sob o emblema do ternário universal; daí todos os cultos em que dominam três deuses principais, como nas Índias,[361] na Grécia e na Itália;[362] três modificações principais no mesmo deus, como na China,[363] no Japão, no Tibete e entre os numerosos sectários de Foê ou de Buda.[364] Esse culto, que se poderia chamar de aquele dos *triteístas*, é um dos

---

361. Brahma, Vishnu e Rudra. [Ou, Brahma, Vishnu e Shiva: o primeiro, o deus criador; o segundo, o deus preservador; e o terceiro, o deus destruidor. (N.T.)]
362. Júpiter, Netuno e Plutão. [A matriz é grega, os *irmãos* Zeus, Poseidon e Plutão (ou Hades): o primeiro, o deus fundamentalmente do céu, dos elementos atmosféricos e da superfície terrestre; o segundo, dos mares e oceanos; e o terceiro, do mundo subterrâneo dos mortos (Ἅιδης). (N.T.)]
363. Encontra-se no *Tao Te Ching,* de Lao-Tsé, obra que goza do maior crédito entre os numerosos sectários desse teósofo, que o Ser absoluto, universal que ele declara não poder nem nomear, nem definir, é triplo. "O primeiro, diz ele, engendrou o segundo; os dois produziram o terceiro e os três produziram todas as coisas. Aquele que o espírito percebe e que o olho é incapaz de ver chama-se *Y*, unidade absoluta, ponto central; aquele que o coração entende e que o ouvido é incapaz de ouvir chama-se *Hi*, existência universal; aquele que a alma sente e que a mão é incapaz de tocar chama-se *Uei*, existência individual. Não busques penetrar as profundezas dessa trindade; sua incompreensibilidade provém de sua unidade". "Essa unidade, acrescenta Lao-Tsé numa outra passagem, chama-se *Tao*, verdade. *Tao* é vida; *Tao* é para si mesmo sua regra e seu modelo. É tão elevado que não se pode atingi-lo, tão profundo que não se pode sondá-lo; tão grande que contém o universo; quando se olha do alto não se vê dele o começo; quando se o acompanha em suas produções, não se encontra dele o fim".
364. Um dos principais dogmas de Foê é a existência de um Deus em três pessoas*, cuja imagem é o ser humano. Toda sua doutrina se limita a conduzir pela meditação e a repressão das paixões o ternário humano à sua perfeição. Esse ternário se compõe, segundo ele, do *Ki*, do *Tsing* e do *Chen*, isto é, do princípio material, do anímico e do espiritual. É necessário que a reunião desse ternário constitua somente um. Então sua duração não terá limites e suas faculdades serão indestrutíveis. Ver Duhalde, t. III, *in-fol.* p. 50.

  *. O que nos evoca, evidentemente, o próprio dogma cristão da Santíssima Trindade com suas três pessoas: o Pai, o Filho e o Espírito Santo. (N.T.)

mais difundidos na Terra, o que se mistura mais facilmente aos outros. Agrada à imaginação e fornece grandes meios à sabedoria para elevar-se às verdades inteligíveis.

Eu disse que a Divindade, considerada no entendimento humano, manifesta-se sob o emblema dos dois princípios naturais: daí todos os cultos em que aparecem dois seres opostos, como no culto de Zoroastro. Esse culto, que se encontra esporadicamente tão puro quanto junto aos antigos parses, ou entre os sectários de Manes, mistura-se de bom grado ao triteísmo,* e mesmo ao politeísmo: era muito reconhecível no Egito e entre os escandinavos, e muito mais disfarçado entre os indianos, os gregos e os latinos. Poder-se-ia considerar esse culto como uma *diarquia*** natural e chamar os que o seguem de *diarquistas*. O juízo e a razão a ele se ajustam muito bem, motivo pelo qual se observa ordinariamente aqueles que raciocinam com profundidade e os céticos a contragosto se inclinarem para ele.[365] Seu abuso conduz ao ateísmo, mas ele oferece grandes meios, quando se sabe dele fazer um bom uso, para penetrar na essência das coisas e atingir a explicação dos fenômenos naturais.

Eu disse ainda que a Divindade, considerada no instinto, apresenta-se sob o emblema da infinidade material: daí todos os cultos nos quais, por um movimento contrário, o inteligível torna-se sensível e o sensível, inteligível; como quando os atributos e as faculdades da Divindade se particularizam e se personificam, e os agentes da natureza, as partes do universo e os próprios seres individuais se divinizam. Esse culto, ao qual dei o nome de *politeísmo*, é em todo lugar sob diversas formas e sob diversos nomes o quinhão do vulgo. Mais ou menos aparente, ele se infiltra furtivamente no seio dos dois outros, aí multiplica as imagens das modificações intelectuais e dos princípios naturais, e a despeito de alguns cuidados tomados pelos teósofos para prevenir suas invasões sucessivas, acaba por sufocar o espírito inteiramente sob a exterioridade

---

*. ...*trithéisme*,... do grego τρεῖς (τρεῖς, τρία), três; e θεός, deus, ou seja, *crença em três deuses*. (N.T.)

**. ...*Dyarchie*..., do grego δύο, dois e ἀρχή, aqui no sentido de governo, poder, autoridade, ou seja, *governo de dois*. (N.T.)

365. Isso é impressionante, sobretudo em Bayle.

corpórea da qual ele os cobre. Esse culto, do qual os dois outros jamais podem abster-se totalmente, que os alimenta e que vive da vida deles, berço de toda religião, também é desta o túmulo. Agrada singularmente à faculdade humana que se desenvolve primeiramente, à sensibilidade; auxilia o desenvolvimento do instinto e pode, mediante tão só o senso comum, conduzir ao conhecimento dos princípios naturais. Seu abuso precipita os povos na idolatria e na superstição; seu bom emprego empenha os talentos e dá origem às virtudes heroicas. Tornamo-nos artistas ou heróis pela exaltação do politeísmo; eruditos ou filósofos pela exaltação da diarquia; e sábios ou teósofos pela exaltação do triteísmo. Esses três cultos, seja em estado de pureza, seja diversamente misturados, são os únicos, como o afirmei, cuja transformação é possível, isto é, que podem ser revestidos das formas ostensivas e encerradas num ritual qualquer. O quarto culto, que se funda na unidade absoluta de Deus, não é transformável. Eis por quê.

A Divindade considerada na unidade volitiva do ser humano, agindo ao mesmo tempo em suas três faculdades principais, manifesta-se, como eu o disse, enfim, em sua essência absoluta, ou em sua essência universal, una em sua causa, ou una em seus efeitos: daí não mais todos os cultos públicos, mas todos os mistérios secretos, todas as doutrinas místicas e contemplativas, pois como representar exteriormente o que não tem semelhança com nada? Como tornar sensível o que está acima de toda inteligência? Quais expressões serão convenientes ao que é inexprimível, ao que é mais inefável do que o próprio silêncio? Quais templos serão erigidos para o que é incompreensível, inacessível, insondável? Os teósofos e os sábios tinham compreendido essas dificuldades; haviam percebido que era necessário suprimir todo discurso, distanciar todo simulacro; renunciar a todo espaço fechado, aniquilar, enfim, todo objeto sensível, ou arriscar-se a fornecer falsas ideias da essência absoluta de um Ser que o espaço e o tempo não podiam conter. Muitos ousaram empreendê-lo. Sabe-se, afundando-se numa antiguidade muito remota, que os mais antigos magos da Pérsia não construíam nenhum templo e não erigiam nenhuma estátua.[366] Os druidas tinham o mesmo costume.[367] Os primeiros invocavam o princípio de todas as

---

366. Heródoto, *in Clio*, par. 131. Estrabão, L. XV. Boem, *Mores Gentium*.
367. Pelloutier, *Hist. des Celtes*, t. V, c. 3.

coisas no alto das montanhas; os segundos, no recôndito das florestas. Uns e outros julgavam indigno da majestade divina encerrá-la num espaço fechado e representá-la mediante uma imagem material.[368] Parece, inclusive, que os primeiros romanos partilhavam dessa opinião.[369] Mas esse culto inteiramente intelectual e destituído de formas não poderia subsistir por muito tempo. O povo tinha necessidade dos objetos sensíveis sobre os quais suas ideias pudessem apoiar-se. Tais objetos insinuam-se mesmo a despeito do legislador que procura proscrevê-los.[370] As imagens, as estátuas, os templos multiplicam-se apesar das leis que os proíbem. Resulta que o culto, se não experimentar uma reforma salutar, transforma-se ou num antropomorfismo grosseiro ou num materialismo absoluto, isto é, não podendo o homem do povo elevar-se até a unidade divina, ele a abaixa até ele; e não podendo o erudito compreendê-la e crendo, contudo, apreendê-la, ele a confunde com a natureza.

Era para evitar essa catástrofe inevitável que os sábios e os teósofos haviam feito, como eu o disse, da unidade de Deus um mistério e o haviam ocultado no fundo dos santuários. Era só depois de provas que se multiplicavam e quando o iniciado era julgado digno de ser admitido no grau supremo da autópsia que se erguia diante de seus olhos o último véu e que se liberava para sua contemplação o princípio e o fim de todas as coisas, o Ser dos seres, na sua insondável unidade.[371]

[28]
Tu saberás, se o Céu assim quiser, que a natureza,
Semelhante em todas as coisas é a mesma
   em todo lugar...

Eu já disse que a homogeneidade da natureza era, acompanhada da unidade de Deus, um dos maiores segredos dos mistérios. Pitágoras

---

368. Tácito, *De Morib. Germ.*, c. 9. Lactâncio, *Prœm.*, p. 5.
369. Santo Agostinho, *De Civit. Dei*, L. IV, c. 31. Clemente de Alexandria, L. I, p. 304, Strom.
370. Plutarco *in Vita Num.* Ibid. *in Mar.* Pelloutier, *Hist. des Celtes*, L. IV, c. I. Lucano, *Phars.*, L. III, v. 412. Clemente de Alexandria, *Cohort. ad Gent.*, p. 57.
371. Eusébio, *Prœp. Evan.*, L. XIII, c. 12. Henri Steph., *Poes. philosop.*, p. 78.

fundava essa homogeneidade na unidade do espírito do qual ela é penetrada e do qual, segundo ele, todas nossas almas extraem sua origem.[372] Esse dogma, que ele recebera dos caldeus e dos sacerdotes do Egito, era admitido por todos os sábios da antiguidade, como o provam cabalmente Stanley e o judicioso Beausobre.[373] Esses sábios estabeleciam uma harmonia, uma analogia perfeita entre o céu e a Terra, o inteligível e o sensível, a substância indivisível e a substância divisível, de maneira que o que se passava numa das regiões do universo ou das modificações do ternário primordial era a imagem exata do que se passava na outra. Encontra-se essa ideia, exposta muito incisivamente pelo antigo Thoth,* denominado *Hermes Trismegistos*\*\*, pelos gregos na tábua de Esmeralda a ele atribuída. "Em verdade, e sem ficção, em verdade, em verdade, eu vos digo: as coisas inferiores são tais como as superiores; umas e outras unem suas forças invencíveis para produzir uma só coisa, a mais maravilhosa de todas; e como todas as coisas são emanadas da vontade de um Deus único, assim todas as coisas, quaisquer que sejam, devem se gerar a partir dessa única coisa mediante uma disposição da natureza universal."[374]

---

372. Porfírio, *Sent.* n. 10, p. 221. Stanley *in Pythag.*, p. 775.
373. Stanley, *De Phil. chald.*, p. 1123. Beausobre, *Hist. du Manich.*, t. II, L. IX, c. 1, par. 10.
\*. Forma helenizada Θεύθ, proveniente do egípcio *Tehuti* (copta: *Tahuti*), deus egípcio ligado aos caracteres da escrita e às diversas manifestações da palavra falada e escrita: aprendizado, instrução, conhecimento, sabedoria, comunicação, magia, artes etc.; escriba dos deuses, Thoth é exotericamente representado num corpo humano encimado por uma cabeça de íbis e corresponde, mitologicamente falando, ao deus olímpico grego Hermes (Ἑρμῆς). Mas o autor se refere aqui, esotericamente falando, a alguém, misto de sacerdote, sábio e grande iniciado, que foi o primeiro iniciador dos egípcios às doutrinas sagradas e secretas num passado remoto e que deu origem ao hermetismo medieval. (N.T.)
\*\*. Τρισμέγιστος, quer dizer, três vezes muito grande. (N.T.)
374. Dizem que essa famosa tábua de Esmeralda foi descoberta no vale de Hebron, num sepulcro em que se achava entre as mãos do cadáver do próprio Thoth. Krigsmann, que assegura que essa tábua teve que ser lida em fenício e não em grego, faz dela um relato um tanto diferente do que dela se lê nas versões ordinárias. Ver *Tabula Smaragdina* (Tábua de Esmeralda), citada por Fabrício, *Bibl. græc.* p. 68.

De resto, devo dizer que é na homogeneidade da natureza que se fundavam em princípios todas as ciências denominadas ocultas, das quais as quatro principais, relacionando-se ao quaternário humano, eram a teurgia, a astrologia, a magia e a química.[375] Já falei incidentalmente da ciência astrológica e já dei suficiente testemunho do que pensava da ideia ridícula e tacanha que os modernos haviam concebido dela. Abster-me-ei de discorrer sobre as três outras por conta da prolixidade à qual me arrastariam as discussões nas quais seria necessário ingressar. Esforçar-me-ei para mostrar numa outra obra que os princípios nos quais elas se apoiavam muito diferiam daqueles que a superstição e a credulidade cega lhes conferiram em tempos de ignorância; e que as ciências ensinadas aos iniciados nos santuários antigos com os nomes de teurgia, magia ou química* muito diferiam do que o vulgo entendeu posteriormente pelas mesmas palavras.

[29]
De modo que esclarecido acerca de teus direitos verdadeiros,
Teu coração de vãos desejos não mais fará
o repasto.

Quer dizer que o discípulo de Pitágoras, que pelo autoconhecimento atingiu o conhecimento da verdade, deve julgar judiciosamente quanto à possibilidade ou à impossibilidade das coisas e descobrir na própria sabedoria essa justa mediania que descobriu na virtude e na ciência. Igualmente distanciado dessa credulidade cega que admite e busca irrefletidamente as coisas mais incompatíveis com as leis da natureza, e dessa presunçosa ignorância que rejeita e nega sem exame todas as que saem do círculo estreito de suas noções empíricas,

---

375. Hermes, *in Asclep.*, c. 9. Jâmblico, *De Myst. Egypt.*, c. 30. Maimônides, *Mor. Nevoch*, parte II, c. 10. Orígenes, *Contr. Cels.*, L. I. Beausobre, *Hist. du Manich.*, t. II, p. 49. [Notar que o autor emprega a expressão ...*la Chimie*..., mas se refere à *alquimia*, palavra que, embora calcada no árabe e nesta língua significando literalmente *a química*, designa uma ciência oculta distinta da química moderna tanto na sua teoria quanto na sua prática. (N.T.)]

*. ...*Chimie*..., mas leia-se alquimia. (N.T.)

ele deve conhecer com exatidão os limites e as forças da natureza, saber imediatamente o que neles se encerra ou o que os excede e não formar nenhum voto, nenhum projeto, nenhum empreendimento acima de seu poder.

[30]
Verás que os males que devoram
 os seres humanos
São o fruto de sua escolha...

Uma das coisas sem dúvida de maior importância para o ser humano conhecer é a causa próxima de seus males, a fim de que, cessando de murmurar contra a Providência, apenas responsabilize a si mesmo pelas desventuras das quais é ele próprio o artesão. Sempre presunçosa e fraca, a ignorância, dissimulando seus próprios erros, responsabiliza pelas consequências destes as coisas que lhes são maximamente estranhas: assim a criança que feriu a si mesma ameaça com sua voz e golpeia com a mão o muro contra o qual colidiu. De todos os erros este é o mais comum. É tão difícil admitir os próprios erros quanto é fácil acusar os outros deles. Esse costume funesto de imputar à Providência os males que afligem a humanidade tem fornecido, como vimos, os mais vigorosos argumentos aos céticos para atacar sua influência e solapar, assim, em seus fundamentos, a própria existência da Divindade. Todos os povos tornaram-se culpados disso.[376] Os modernos, entretanto, são, segundo creio, os únicos que, sem paixão, friamente, visando a sustentar certas opiniões por eles adotadas, erigiram em sistema sua ignorância acerca da causa do mal e fazem resultar da onipotência e presciência divinas uma fatalidade inexorável que, arrastando o ser humano ao vício e à infelicidade, o condena violentamente e, por uma sucessão determinada pela vontade de Deus, o entrega a sofrimentos eternos.[377] Tais foram, entre os cristãos do século V, os chamados de *predestinatianos*, devido a esse pavoroso

---

376. Homero, citado por Máximo de Tiro. Plínio, L. II, c. 7. Bíblia, salmos 73 e 93. Jó, c. 23. Habacuc, c. I. Malaquias, c. 3. Balzac, *Socrate chrétien*, p. 237.
377. Plucquet, *Dict. des Hérés.*, art. *Prédestinatiens* (Predestinatianos).

sistema. Sua opinião, é verdade, foi condenada pelos concílios de Arles e de Lyon.[378] Eles, porém, sustentaram que a Igreja caía em contradição consigo mesma, uma vez que sua opinião a respeito disso, sendo exatamente conforme aquela que Santo Agostinho sustentara contra os *pelagianos*, essa Igreja não podia condenar uma sem condenar a outra e, consequentemente, sem dar ganho de causa à doutrina oposta que já condenara. É certo que nesse último ponto, os *predestinatianos* tinham razão, como Gotescale, Baío e Jansênio, com o livro de Santo Agostinho nas mãos, o provaram depois, dando origem em torno desse assunto e em épocas diferentes a perturbações mais ou menos violentas dentro dessa Igreja.

Eis chegado o momento de completar as provas do que afirmei na minha ANÁLISE 7, que a liberdade humana somente pode ser estabelecida pela tradição teosófica e o assentimento que lhe conferiram todos os sábios da Terra; e que não há doutrina, que deles estando separada não abandone o universo ao arrebatamento irresistível de uma fatalidade absoluta. Mostrei suficientemente o vazio de todos os sistemas cosmogônicos, quer os seus autores os hajam fundado num único princípio ou em dois, no espírito ou na matéria; indiquei suficientemente o perigo que teria havido de divulgar o dogma secreto da unidade divina, porquanto essa divulgação trazia consigo a necessidade de explicar a origem do bem e do mal, o que era impossível; citei o exemplo de Moisés e mostrei, como um ponto decisivo nessa matéria, que aqueles entre seus sectários que rejeitaram a tradição oral desse grande homem para se prenderem exclusivamente ao sentido literal de seu *Sefer*,* caíram no fatalismo e foram levados a fazer do próprio Deus o autor do mal; anunciei, finalmente, que o cristianismo e o islamismo igualmente egressos da doutrina mosaica, não tinham podido evitar o dogma da predestinação: esse dogma, embora frequentemente repelido pelos doutores cristãos e muçulmanos aterrorizados com suas consequências, nem por isso resulta menos dos fatos. O Corão, que o ensina abertamente, dispensa-me de outras provas para os muçulmanos. Vejamos para os cristãos.

---

378. Noris, *Hist. pelag.*, L. II, c. 15.
\*.   Quer dizer, de seu *livro*, ספר (*sefer*). (N.T.)

É certo que um dos maiores homens da Igreja primitiva, Orígenes, compreendendo a quais consequências conduzia a explicação da origem do mal como se a entendia vulgarmente segundo a tradução literal do *Sefer* de Moisés, tentou reconduzir tudo à alegoria evocando o cristianismo, nascente na tradição teosófica que toca ao livre-arbítrio humano;[379] mas seus livros, onde ele expunha essa tradição em consonância com a doutrina de Pitágoras e de Platão,[380] foram queimados como heréticos por ordem do papa Gelásio.[381] A Igreja, nesse caso, ocupada como estava em examinar os dogmas principais da encarnação, da divindade de Jesus, da consubstancialidade do verbo, da unidade de sua pessoa e da dualidade e sua natureza, deu pouca atenção ao golpe aplicado por Orígenes. Mas quando, adotando a expressão enérgica de Plucquet, a chama do incêndio consumiu todas essas opiniões e borbotões de sangue lavaram suas cinzas, foi necessário oferecer novos alimentos para sua atividade. Um monge inglês chamado Pelágio,[382] nascido com um espírito ardente e impetuoso, abordou pela primeira vez a questão espinhosa da liberdade humana, e querendo estabelecê-la foi levado a negar o pecado original. "O ser humano, dizia ele, é livre para fazer o bem ou o mal: aquele que pretende desculpar seus vícios com base na fraqueza da natureza é injusto, pois o que é o pecado em geral? É algo que se possa evitar ou não? Se não se pode evitá-lo, não há mal a ser cometido, e então ele não existe; se é possível evitá-lo, há mal a ser cometido, e então ele existe: sua própria existência nasce do livre-arbítrio e o prova."[383] "O dogma do pecado original, prosseguia Pelágio, é absurdo e injurioso a Deus, pois uma criatura que não existe não poderia ser cúmplice de uma má ação, e constitui um ultraje à justiça divina dizer que Deus a puniu como culpada dessa ação."[384] "O ser humano, acrescia Pelágio, possui, portanto, um verdadeiro poder de fazer o bem e o mal e ele é livre no que toca a ambos. Mas a liberdade

---

379. Orígenes, *Comment. in Psalm.*, p. 38-9.
380. São Leão, *Epist. Decret.* II. Nicef., L. XVII, c. 27.
381. *Conc. Rom.* Gelas., t. III.
382. *Dict. des Hérés.*, art. *Pélagiens* (Pelagianos).
383. Plucquet, como anteriormente, t. II, p. 454.
384. Pelágio, *apud* Santo Agostinho, *De Nat. et Grat.*, L. III, c. 9.

de fazer uma coisa supõe necessariamente a união de todas as causas e de todas as condições requeridas para fazer essa coisa; e não se é livre no que respeita a um efeito sempre que está ausente uma das causas ou das condições naturalmente exigidas para produzir esse efeito. Assim, para ter a liberdade de ver os objetos, é preciso não só que o sentido da visão seja bem desenvolvido, mas também que os objetos sejam iluminados e colocados a uma justa distância."[385]

Até aí a doutrina de Pelágio era totalmente semelhante à de Pitágoras, tal como a explica Hiérocles.[386] Mas em seguida a primeira distanciava-se da segunda pelo fato de o monge inglês sustentar que, visto que o ser humano nasce com a liberdade de fazer o bem e o mal, recebe ele da natureza e nele reúne todas as condições e todas as causas naturalmente necessárias para o bem e para o mal, o que lhe subtraía sua mais bela prerrogativa, a da perfectibilidade, enquanto Pitágoras queria, ao contrário, que essas causas e essas condições fossem concedidas apenas àqueles que, de sua parte, concorriam para adquiri-las e que, pelo trabalho que executavam consigo mesmos na busca do autoconhecimento, chegavam a possuí-las cada vez mais perfeitas.

Por mais suavizada que fosse a doutrina de Pelágio, ainda assim pareceu fazer demasiada concessão ao livre-arbítrio, e foi condenada pela autoridade eclesiástica, que declarou por intermédio de vários concílios que o ser humano nada pode por si mesmo, e sem o auxílio da graça. Santo Agostinho, que havia sido a alma desses concílios, pressionado pelos discípulos de Pelágio para explicar a natureza dessa graça e dizer como Deus a concedia mais a um indivíduo do que a outro, sem nisso envolver-se por conta da diferença de seus méritos, respondeu que sendo os seres humanos da massa de perdição, e não tendo Deus nenhuma necessidade deles, além de ser independente e onipotente, dispensava a graça a quem queria, sem que aquele a quem não a dispensava tivesse o direito de queixar-se, nada acontecendo senão por uma decorrência de sua vontade que tudo previra e tudo determinara.[387]

---

385. Pelágio, *apud* Santo Agostinho, *De Grat. Christ.*, c. 4.
386. *Comment. in Aura carm.*, v. 62.
387. Santo Agostinho, *De Grat. Christ.*, citado por Plucquet, *Dict. des Hérés.*, art. *Pélagiens* (Pelagianos).

Certamente não se podia estabelecer mais incisivamente a necessidade de todas as coisas, nem submeter os seres humanos a uma fatalidade mais rígida, pois a falta de graça os privava não só de virtude no curso passageiro desta vida, como também os entregava sem qualquer esperança aos tormentos de um inferno eterno. Mas Santo Agostinho, que obedecia a uma razão severa e consequente, compreendia muito bem que estava impossibilitado de falar diferentemente sem renunciar ao dogma do pecado original e derrubar os fundamentos do cristianismo. Todos os cristãos rígidos, todos os que em diversos períodos tentaram reconduzir o cristianismo aos seus princípios constitutivos, pensaram como Santo Agostinho, e ainda que a Igreja, amedrontada com as conclusões horríveis que se tirava da doutrina canônica, haja tentado atenuá-la condenando, como declarei, os *predestinatianos* e aprovando as perseguições a Gotescale, isso não impediu que no tempo em que Lutero arrastava na sua reforma uma grande parte da cristandade para o dogma da predestinação, Baío, que se mantivera fiel à ortodoxia, não tenha pregado o mesmo dogma; que pouco depois Calvino não haja somado novas luzes ao que Lutero deixara não resolvido, e que Jansênio, enfim, corroborando aquilo que Baío se limitara a esboçar, não haja elevado no próprio seio da Igreja essa facção temível que todos os esforços combinados do papa e dos jesuítas não conseguiram convencer de errar na doutrina de Santo Agostinho, por ela sustentada com um vigor digno de uma causa melhor.

Segundo Calvino, entre todos o que se exprimiu com maior clareza, a alma do ser humano, da qual estão infectadas de pecado todas as faculdades, não tem força para resistir à tentação que a arrasta para o mal. A liberdade, para ele objeto de orgulho, é uma quimera; ele confunde o livre com o voluntário e crê escolher livremente porque não é constrangido, e que quer fazer o mal que faz.[388] Assim, conforme a doutrina desse reformador, o ser humano, dominado por paixões viciosas, só pode produzir por si mesmo ações más; e foi para tirá-lo desse estado de corrupção e de impotência que foi necessário enviar Deus à Terra o seu filho, para resgatá-lo e dar satisfação por ele, de modo que é da ausência da liberdade no ser humano que Calvino extrai suas provas mais vigo-

---
388. Calvino, *Institut.*, L. II, c. 1 e 2.

rosas da vinda do Cristo: "Pois, diz ele, se o ser humano tivesse sido livre e se tivesse podido salvar a si mesmo, não teria tido necessidade que Deus entregasse seu próprio filho em sacrifício".[389]

Esse último argumento parece irrefutável. Por isso, quando os jesuítas acusaram Calvino e seus sectários de fazer de Deus o autor do pecado e de destruir assim toda ideia da Divindade,[390] abstiveram-se cuidadosamente de dizer como isso podia ser feito de outro modo. Não o teriam podido realizar sem fazerem para si uma coisa impossível, isto é, sem fornecer a explicação da origem do mal. A dificuldade dessa explicação, que Moisés, como eu o disse, envolveu num véu triplo, não escapou aos Padres da Igreja primitiva. Haviam compreendido bem que era o ponto importante do qual dependia a solução de todas as demais questões. Mas como chegar mesmo a tentar esclarecê-lo? Os mais esclarecidos entre eles admitiam que é um abismo da natureza que não se poderia aprofundar.[391]

## [31]
## ...e que esses infelizes
## Buscam longe de si os bens de cuja fonte são portadores.

A fonte de todos os bens é a sabedoria e esta começa pelo autoconhecimento. Sem este a pretensão aos verdadeiros bens é vã. Mas como chegar a eles? Se interrogardes Platão acerca desse ponto importante, ele vos responderá que é remontando à essência das coisas, isto é, considerando o que constitui o ser humano em si mesmo. – "Um artesão, vos dirá esse filósofo, não é o mesmo que o instrumento do qual ele se serve; um tocador de lira é diferente da lira que toca." – Vós concordaríeis facilmente com isso; e o filósofo, prosseguindo no seu raciocínio, acrescentará: "E os olhos com os quais este músico lê sua música e as mãos com as quais toca sua lira não são também instrumentos? E se os olhos, as mãos são instrumentos, podeis negar que o corpo inteiro seja

---

389. Calvino, *Institut.*, L. II.
390. Maimbourg, *Hist. du Calvinisme*, L. I, p. 73.
391. Orígenes, *Contr. Cels.*, L. IV, p. 207.

igualmente um instrumento distinto do ser que dele se serve e que o comanda?" – Sem dúvida não, e compreendeis o suficiente que esse ser mediante o qual o ser humano é verdadeiramente ser humano é a alma, cujo conhecimento deveis buscar. – "Pois, vos dirá ainda Platão, aquele que conhece seu corpo só conhece o que a ele pertence, mas não a si. Conhecer o próprio corpo como um médico, ou como um escultor, é uma arte: conhecer a própria alma como um sábio, é uma ciência, a maior de todas as ciências."[392]

Do autoconhecimento o ser humano passa ao conhecimento de Deus; e é fixando esse modelo de toda perfeição que ele chega a libertar-se dos males aos quais foi atraído por sua própria escolha.[393] Sua libertação depende, segundo Pitágoras, da virtude e da verdade.[394] A virtude que ele adquire pela purificação modera e dirige as paixões; a verdade, a qual é atingida por ele por sua união com o Ser dos seres, dissipa as trevas que obsedam sua inteligência; e uma e outra, atuando nele harmoniosamente, conferem-lhe a forma divina, de acordo com sua disposição para recebê-la, e conduzem-no à suprema felicidade.[395] Mas quão difícil é atingir essa desejada meta!

[32]
Poucos sabem ser felizes: joguetes das paixões,
Alternativamente sacudidos por vagas contrárias
Sobre um mar sem margens, eles rolam cegos,
Sem poder resistir nem ceder à tormenta.

Lísis mostra nesses versos quais são os maiores obstáculos à felicidade humana. São as paixões: não as paixões em si mesmas, mas os efeitos negativos produzidos por elas devido ao movimento desordenado que o entendimento lhes permite tomar. É no que é preciso atentar bem a fim de não cair no erro dos estoicos. Pitágoras, como eu já o disse, não ordenava aos seus discípulos o aniquilamento de suas paixões,

---

392. Platão *in Segundo Alcibíades*.
393. Hiérocles, *Aurea carm.*, v. 56.
394. Ibid. *in Præm*.
395. Ibid.

mas sim a moderação de seu ardor e sua boa direção. "As paixões, dizia esse filósofo, são concedidas para serem auxiliares da razão; impõe-se serem elas suas servas e não suas senhoras". É uma verdade que os platônicos e mesmo os peripatéticos* haviam reconhecido no relato de Hiérocles.[396] Assim, Pitágoras considerava as paixões como os instrumentos dos quais o entendimento se serve para construir o edifício intelectual. Um ser humano que fosse delas totalmente desprovido se assemelharia a uma massa inerte e destituída de movimento na trajetória da vida; poderia, é verdade, não corromper-se, mas também não gozaria de sua mais nobre vantagem, que é a perfectibilidade. A razão é estabelecida no entendimento para exercer império sobre as paixões; deve governá-las na qualidade de soberana absoluta e fazê-las tender rumo à meta que a sabedoria lhe indica. Se não reconhece as leis a ela fornecidas pela inteligência e, presunçosa, quer, em lugar de agir de acordo com os princípios dados, enunciar ela mesma os princípios, cai no excesso e torna o ser humano supersticioso ou cético, fanático ou ateu: se, ao contrário, acolhe as leis das paixões que deveria reger e, fraca, deixa-se ser por elas subjugada, cai no erro e torna o ser humano estúpido ou furioso, embrutecido no vício, ou audacioso no crime. Os únicos raciocínios verdadeiros são os admitidos pela sabedoria: os raciocínios falsos devem ser considerados como os gritos de uma alma insensata entregue aos movimentos de uma razão anárquica que as paixões cegam e confundem.[397]

Pitágoras considerava o ser humano como ocupando o meio entre as coisas intelectuais e sensíveis, o último dos seres superiores e o primeiro dos inferiores, livre para mover-se quer para o alto quer para baixo mediante suas paixões, que reduzem em ato o movimento ascendente ou descendente que sua vontade possui em potência, ora unindo-se aos imortais, e por seu retorno à virtude recuperando a sorte que lhe é própria, ora voltando a mergulhar nas espécies mortais e por força da transgressão das leis divinas encontrando-se decaído na sua dignidade.[398] Essa opinião, que fora a de todos os sábios anteriores a

---

*. Quer dizer, os discípulos e seguidores de Aristóteles. (N.T.)
396. *Ut supra*, v. 10 e 11.
397. *Ut supra*, v. 22 e 24.
398. *Ut supra*, v. 54 e 55.

Pitágoras, foi a de todos os sábios que o sucederam, mesmo daqueles entre os teósofos cristãos cujos preconceitos religiosos mais afastavam de sua doutrina. Não me deterei fornecendo provas de sua antiguidade. Elas se encontram em toda parte e seriam supérfluas. Thomas Burnet, tendo procurado em vão a origem sem poder descobri-la, acabou por declarar ser necessário que houvesse descido do céu.[399] É certo que dificilmente se pode explicar como um homem sem erudição, como Bœhme, não tendo recebido essa opinião de ninguém, a pôde expor tão claramente. "No momento em que se viu o ser humano existir, diz esse teósofo, pôde-se dizer: Aqui toda a eternidade é manifestada numa imagem."[400]

"A habitação desse ser é um ponto mediano entre o céu e o inferno, o amor e a cólera: a das coisas às quais ele se prende torna-se sua espécie"... "Se ele propende para a natureza celeste, assume uma forma celeste, e a forma humana se torna infernal se ele propende para o inferno: pois tal é o espírito, tal também é o corpo. Em qualquer vontade que o espírito se arremessa, ele representa seu corpo com uma forma semelhante e uma fonte semelhante."[401]

É nesse princípio reencontrado em todo lugar diversamente expresso que se fundava o dogma da transmigração das almas. Esse dogma, explicado nos mistérios antigos[402] e recebido por todos os povos,[403] foi a tal ponto desfigurado naquilo que os modernos chamaram de *metempsicose**, que seria necessário ultrapassar em muito os limites des-

---

399. Burnet, *Archæologie*, L. I, c. 14.
400. *De la triple Vie de l'Homme*, cap. VI, par. 53.
401. Ibid., cap. VI, par. 56.
402. Proclo *in Tim.*, L. V, p. 330. Plethon., *Schol. ad. Oracl. magic. Zoroast.*
403. Marsh., *Chron. Can.*, p. 258. Beausobre, *Hist. du Manich.*, t. II, p. 495. Huet, *Origenian*, L. II, q. 6.
*. Grego: μετεμψύχωσις, que significa precisamente *transmigração da alma* e, por extensão, transmigração da alma de um corpo para outro. Sobre essa doutrina (ou *dogma*, como o autor prefere), segundo os antigos, ver, por exemplo, Platão, sobretudo *A República*, Livro X, 613a e 621d (final), do qual reproduzimos a seguir uma passagem pertinente (617d-e).
"Σφᾶς οὖν, ἐπειδὴ ἀφικέσθαι, εὐθὺς δεῖν ἰέναι πρὸς τὴν Λάχεσιν. προφήτην οὖν τινὰ σφᾶς πρῶτον μὲν ἐν τάξει διαστῆσαι, ἔπειτα λαβόντα ἐκ τῶν τῆς

tas análises para dele dar uma explicação que pudesse ser entendida. Empenhar-me-ei mais tarde em expor minha opinião a respeito desse mistério, tratando, como o prometi, da teurgia e das outras ciências ocultas às quais ele se vincula.

## [33]
## Deus!* Vós os salvaríeis restituindo sua visão...

Lísis aborda aqui francamente uma das maiores dificuldades da natureza, a dificuldade que em todos os tempos supriu aos céticos e aos ateus as armas por eles julgadas as mais temíveis. Hiérocles não a dissimulou em seus Comentários e eis em que termos ele a expôs. "Se Deus pode reconduzir todos os seres humanos à virtude e à felicidade, diz, e não o quer, então Deus é injusto e mau.** Ou se ele quer a elas reconduzi-los, e não o pode, então Deus é fraco e destituído de poder."[404] Muito tempo antes de Hiérocles, Epicuro se apoderara desse argumento para dar apoio ao seu sistema, e o ampliara sem aumentar sua força. Seu propósito fora provar, por seus próprios meios, que, segundo afirmara, Deus não se envolve com as coisas deste mundo, não havendo, por conseguinte, Providência.[405] Lactâncio, crendo a isso responder, relatou-o conforme Epicuro e forneceu a Bayle, o mais erudito e o mais temível dos céticos modernos, a oportunidade de mostrar que, até então, esse terrível argumento permanecera de pé, a despeito de todos os esforços que haviam sido tentados para derrubá-lo.

---

Λαχέσεως γονάτων κλήρους τε καὶ βίων παραδείγματα, ἀναβάντα ἐπί τι βῆμα ὑψηλὸν εἰπεῖν· Ἀνάγκης θυγατρὸς κόρης Λαχέσεως λόγος. ψυχαὶ ἐφήμεροι, ἀρχὴ ἄλλης περιόδου θνητοῦ γένους θανατηφόρου..."

"...Com efeito, quando chegaram, tiveram imediatamente que se apresentar diante de Laquesis, onde certo intérprete divino começou por dispô-las em ordem; em seguida, tomou do regaço de Laquesis uma quantidade de sortes e de modelos de vida, subiu a uma alta tribuna e lhes falou: eis a mensagem de Laquesis, filha virgem da Necessidade. *Almas que vivem por um dia, este é o início de um outro ciclo mortal em que o nascimento é o portador da morte. ...*" (N.T.)

*. Ver nota do tradutor na p. 27. (N.T.)
**. O original registra aqui um ponto de interrogação e não um ponto final. (N.T.)
404. *Aura carm.*, v. 62-67.
405. Lactâncio, *De ira Dei*, c. 13, p. 548.

"O mal existe, diz esse infatigável pensador; o ser humano é mau e infeliz: tudo prova essa triste verdade. A história é, a nos expressarmos propriamente, apenas uma coletânea dos crimes e dos infortúnios do gênero humano. Entretanto, vê-se de quando em quando fulgurarem exemplos de virtude e de felicidade. Há, portanto, uma mistura de males e bens morais e físicos... Ora, se o ser humano é obra de um único princípio soberanamente bom, soberanamente santo, soberanamente poderoso, como está ele exposto às doenças, ao frio, ao calor, à fome, à sede, à dor, à aflição? Como explicar ter ele tantas inclinações más? Como é que comete tantos crimes? Pode a soberana santidade produzir uma criatura criminosa? Pode a soberana bondade produzir uma criatura infeliz?"[406] Bayle, contente com seu discurso anti-providencial, julga triunfar antecipadamente sobre todos os dogmatistas do mundo. Mas enquanto ele se detém para retomar o fôlego, observai que admite uma mistura de bens e de males, e deixemo-lo prosseguir.

"Orígenes, diz ele, sustenta que o mal resulta do mau uso do livre--arbítrio. E por que Deus concedeu ao ser humano um livre-arbítrio tão pernicioso? – Porque uma criatura inteligente que não tivesse gozado de livre-arbítrio, retoma Orígenes, teria sido imutável e imortal como Deus. – Que deplorável razão! Será que as almas glorificadas, os santos são iguais a Deus por estarem determinados ao bem e serem privados daquilo que se chama de *livre-arbítrio*, o qual, segundo Santo Agostinho, é tão só a possibilidade do mal quando a graça divina não inclina o ser humano para o bem?"[407]

Bayle, depois da várias saídas desse gênero, acaba por admitir que a maneira pela qual o mal se introduziu sob o império de um ser soberano, infinitamente bom, infinitamente poderoso, infinitamente santo é não somente inexplicável como também incompreensível.[408] Bayle tem razão nesse ponto, e é por isso que tenho sempre dito no desenrolar desta obra que a origem do mal, compreensível ou não, não podia ser divulgada. Mas não se trata aqui da origem do mal. Bayle era um pensador demasiado bom para não compreendê-lo, para

---

406. *Dict. crit.*, art. *Manichéens* (Maniqueus), obs. D.
407. Ibid., art. *Marcionites* (Marcionitas), obs. E e G.
408. Ibid., art. *Pauliciens* (Paulicianos), obs. E.

não perceber que o argumento de Epicuro e todos os discursos que ele lhe fornecia, diziam respeito não à causa do mal em si mesmo, mas sim aos seus efeitos, o que é bem diferente. Epicuro não exigia que se lhe explicasse a origem do mal, mas a existência local de seus efeitos, isto é, que se lhe dissesse nitidamente: se Deus podia e queria suprimir o mal do mundo, ou impedir que nele penetrasse, por que não o fazia. Quando a casa de alguém está em poder das chamas, não se é suficientemente insensato para se inquietar no sentido de saber qual é a essência do fogo e por que ele queima geralmente, mas saber por que ele queimou particularmente, e como, podendo apagá-lo, não se o apagou. Bayle, eu o repito, era lógico demasiado bom para não se ter dado conta disso. Essa distinção era simples demais para lhe escapar. Mas percebendo que sua própria simplicidade a ocultara aos doutores da Igreja cristã, ele se contentara em dissimulá-la aos seus adversários para ter o prazer, tão precioso para um cético como ele, de vê-los uns após os outros se alquebrarem contra o argumento de Epicuro: "Deus, ele a eles exclamava, ou quer suprimir o mal, e não pode fazê-lo; ou pode fazê-lo, e não quer fazê-lo; ou não quer nem pode. Se quer e não pode, ele é fraco, o que não convém a Deus. Se pode e não quer, ele é mau, o que tampouco lhe convém. Se não quer e nem pode, ele é mau e fraco, o que não poderia ser. Se pode e quer, a única coisa digna de sua divindade, de onde vêm então os males? Ou por que não os suprime?"[409]

Lactâncio, a quem Bayle devia seu argumento, crera derrubá-lo dizendo que Deus, podendo suprimir o mal, não o queria fazer, a fim de conceder aos seres humanos, por seus próprios meios, a sabedoria e a virtude.[410] Mas o filósofo cético não tinha dificuldade para provar que essa resposta nada valia e que a doutrina que encerrava era monstruosa, uma vez ser certo que Deus podia conceder a sabedoria e a virtude sem servir-se do mal como meio; que mesmo as tinha concedido, segundo a crença do próprio Lactâncio, e que não era senão precisamente para a elas ter renunciado, que o ser humano tinha se tornado sujeito ao mal. São Basílio não foi mais feliz do que Lactâncio. Sustentava em vão que

---

409. Bayle, *Dict. crit.*, art. *Pauliciens* (Paulicianos), obs. E.
410. *De ira Dei*, c. 13, p. 548.

o livre-arbítrio do qual o mal resulta fora estabelecido por Deus mesmo no propósito que tinha esse Ser onipotente de ser amado e servido livremente. Bayle, atacando-o em sua própria fé, indagava-lhe: Deus é amado e servido de maneira forçada no paraíso, onde as almas glorificadas não gozam do funesto privilégio de poder pecar?[411] E com o mesmo golpe que o atingia, derrubava Malebranche, que dissera a mesma coisa.[412] A queda de Malebranche e o desejo de vingá-lo afadigaram inutilmente uma multidão de audaciosos metafísicos. Bayle os perfurou sucessivamente com as armas de Epicuro, cuja têmpera desconheciam, e morreu detentor da glória de tê-los feito dizer a maior tolice que pôde ser dita em tal matéria, a saber, que era possível Deus haver determinado a si, ao criar o mundo, um objetivo distinto daquele de tornar suas criaturas felizes.[413]

A morte de Bayle não extinguiu o ardor que suas obras haviam produzido. Leibniz, com justiça descontente com tudo que fora dito, julgou poder responder melhor ao filósofo cético; e elevando-se com um gênio vigoroso a esse primeiro instante em que Deus formou o decreto de produzir o mundo, representou o Ser dos seres escolhendo entre uma infinidade de mundos todos possíveis, todos presentes em seu pensamento, o mundo efetivo como o mais conforme os seus atributos, o mais digno dele, o melhor enfim, o mais apto a atingir a meta maior e a mais excelente que esse Ser inteiramente perfeito haja podido se propor.[414] Mas qual é essa meta magnífica e digna da Divindade que a escolheu, essa meta que não só constitui o mundo efetivo tal como ele é, mas que também o apresenta ao espírito, de acordo com o sistema de Leibniz, como o melhor dos mundos possíveis? Esse filósofo a ignora. "Não podemos, diz ele, compreendê-la, visto sermos demasiado limitados para isso; só podemos inferir, raciocinando com base nas luzes a nós concedidas por Deus, que o único propósito possível de sua bondade, ao criar o maior número possível de criaturas inteligentes, foi

---

411. São Basílio, t. I. *In Homil. quod Deus non sit auctor mali*, p. 369. Bayle, *Dict. crit.*, art. *Marcionites* (Marcionitas), obs. E e G.
412. *Tratado de moral*.
413. *Réponse à deux object. de M. Bayle*, por Delaplacette, *in*-12, 1707.
414. *Essai de Théodicée*, parte III, n. 405 ss.

dotá-las de tantos conhecimentos, tanta felicidade e tanta beleza quanto pudesse o universo comportar sem sair da ordem imutável estabelecida por sua sabedoria."[415]

Até esse ponto, o sistema de Leibniz era sustentável e podia, inclusive, conduzir a uma verdade relativa. Mas sua tarefa não foi cumprida. Era necessário explicar em consonância com a exigência de Epicuro tão repetida por Bayle, como nessa ordem imutável estabelecida pela sabedoria divina, nesse melhor dos mundos, o mal físico e o mal moral fazem experimentar efeitos tão duros. O filósofo alemão, em lugar de deter-se nesses efeitos, e de declinar a causa primordial inacessível às suas investigações, equivocou-se ainda, como tinham feito todos os adversários de Bayle, e sustentou que o mal físico e o mal moral eram necessários à manutenção dessa ordem imutável, e ingressavam no plano desse melhor dos mundos, asserção funesta que fez seu sistema imediatamente cair por terra, pois como ousar dizer que o mal é necessário e sobretudo necessário não só neste que é o melhor dos mundos, mas neste que é o melhor dos mundos possíveis!

Ora, seja qual for a causa primordial do mal, em torno da qual não posso nem quero dar explicações até que o triplo véu estendido sobre esse formidável mistério por Moisés haja sido erguido, direi, segundo a doutrina de Pitágoras e de Platão, que seus efeitos não podem ser nem necessários, nem inexoráveis porque não são imutáveis; e responderei ao argumento tão exaltado de Epicuro que, pelo próprio fato de não serem nem necessários nem inexoráveis, Deus pode e quer suprimi-los e que ele os suprime.

E se alguns discípulos de Bayle, admirados com uma resposta tão ousada e tão nova, me perguntarem quando e como Deus opera um benefício tão grande cujos traços não percebem, eu lhes direi: no tempo e por meio da perfectibilidade. O tempo, acrescentarei imediatamente, é o instrumento da Providência; a perfectibilidade, o desígnio de sua obra; a natureza, o objeto de seu labor; e o bem, seu resultado. Vós sabeis, e o próprio Bayle estava disso convencido, que existe uma mistura de bens e males: e eu a vós repito aqui o que já disse:[416]

---

415. *Essai de Théodicée*, parte III, n. 405 ss.
416. Anteriormente, na ANÁLISE 25.

e sustento a vós que esses bens emanam todos da Providência, que constituem sua obra e substituem na esfera em que ela os transportou uma soma equivalente de males que foram por ela transmutados em bens; sustento a vós que esses bens vão aumentando incessantemente e os males que as eles correspondem vão diminuindo em igual proporção: sustento-vos, enfim, que tendo partido do mal absoluto e chegados ao ponto em que estais, chegareis pela mesma via e pelos mesmos meios, quer dizer, a favor do tempo e da perfectibilidade, do ponto em que estais ao bem absoluto, que é auge da perfeição. Eis aí a resposta a vossa pergunta: quando e como Deus suprime os males? E se objetais nada ver de tudo isso, replicarei que não cabe a vós usar como pretexto a fraqueza de vossa visão para negar a marcha da Providência, vós cujos sentidos imperfeitos enganam-se a cada instante acerca dos próprios objetos de sua competência, e para quem os extremos tocam-se de tal maneira que vos é impossível distinguir no mesmo mostrador de relógio o movimento do ponteiro que o percorre num século do movimento daquele que o percorre em menos de um segundo, um desses ponteiros vos parecendo imóvel e o outro não existindo para vós.[417]

Se negais o que afirmo, apresentai outras provas de vossa negação além de vossa fraqueza e cessai, do pequeno canto em que pusestes a natureza, de pretender julgar a imensidão. Se a vós faltam provas negativas, aguardai ainda um momento e tereis de minha parte provas afirmativas. Mas se, voltando atrás, e querendo sustentar o argumento de Epicuro que se desmorona, credes a ele chegar dizendo que esse filósofo não perguntara, no caso no qual Deus podia e queria suprimir os males, como ele os suprimia, mas por que não os suprimia, eu vos replicarei que essa distinção é um puro sofisma, que o como está implicitamente encerrado no porquê, ao qual respondi afirmando que Deus, podendo e querendo suprimir os males, os suprime. E se evocardes uma objeção já destruída por mim, em torno do modo em que ele os suprime e que vos arvorando em juízes de suas vias, pretendeis que ele deveria suprimi-los não num período de tempo tão longo que vos é imperceptível, mas num piscar de olhos, vos responderei

---

417. *Mém. de l'Acad. des Scienc.*, ano 1765, p. 439.

que esse modo vos seria tão pouco imperceptível quanto o outro; e, que, ademais, o que exigis existe, uma vez que o período de tempo de que vos queixais, por mais longo que a vós pareça, é menos do que um piscar de olhos para o Ser dos seres que o emprega, sendo absolutamente nulo comparado à eternidade. Partindo disso aproveitarei o ensejo para vos ensinar que o mal, na maneira que se manifesta no mundo, sendo uma espécie de doença, Deus, que é o único que pode curá-la, conhece também o único remédio que lhe é aplicável, e este único remédio é o tempo.

Concebo, por pouco que tenhais prestado atenção ao que acabo de dizer, que deveis experimentar passar do conhecimento do remédio para o da doença. Mas é em vão que me exigiríeis uma explicação acerca de sua natureza. Essa explicação não é necessária para derrubar o argumento de Epicuro e isto é tudo que eu quis fazer. O resto depende de vós e só posso repetir com Lísis:

> Deus!* Vós os salvaríeis restituindo sua visão...

[34]
Mas não: cabe aos seres humanos, cuja raça
 é divina,
Discernir o erro e ver a verdade.

Hiérocles, que, como eu o disse, não dissimulou a dificuldade que esses versos encerram, a suprimiu mostrando que depende da vontade livre do ser humano pôr um termo aos males que ele atrai para si por sua própria escolha. Seu raciocínio fundido ao meu pode reduzir-se a algumas poucas palavras, a saber, o único remédio do mal, independentemente de qual seja a sua causa, é o tempo. A Providência, ministra do Altíssimo, emprega esse remédio e, por meio da perfectibilidade dele resultante, tudo reconduz ao bem. Esse remédio, porém, age proporcionalmente à aptidão dos doentes de recebê-lo. O tempo, entretanto, sempre o mesmo, e sempre nulo para a Divindade, encurta-se ou alonga-se para os seres humanos dependendo da vontade deles coincidir com a ação providencial ou desta diferir. Tudo que lhes cabe é

---

*. Ver nota do tradutor na p. 27. (N.T.)

querer bem e o tempo que os extenua se atenuará. Mas o quê! No caso de quererem sempre mal, o tempo, então, não findará? Os males não teriam, então, fim? É a vontade humana tão inflexível que Deus não a possa voltar para o bem? A vontade dos seres humanos é, sem dúvida, livre, e sua essência, imutável como a Divindade da qual emana, não poderia ser mudada. Mas nada é impossível para Deus. A mudança que nela é realizada, sem que sua imutabilidade seja com isso de modo algum alterada, é o milagre da onipotência. É uma decorrência de sua própria liberdade, e se ouso dizê-lo, ocorre pela coincidência de dois movimentos cuja impulsão é dada pela Providência: pelo primeiro, ela exibe-lhe os bens; pelo segundo, ela a coloca na situação conveniente para vê-los.

[35]
A natureza lhes serve.

Eis o que exprime Lísis. A natureza, pela homogeneidade, que, como eu o anunciei, constitui sua essência, ensina os seres humanos a ver além do alcance de seus sentidos, transporta-os por analogia de uma região para outra e desenvolve suas ideias. A perfectibilidade que aí se manifesta a favor do tempo atrai a perfeição; com efeito, quanto mais uma coisa é perfeita, mais ela se torna perfeita. O ser humano que a vê é por ela atingido e se ele reflete descobre a verdade que eu enunciei abertamente e à qual Lísis se contenta em aludir devido ao segredo dos mistérios que era forçado a respeitar.

É essa perfectibilidade manifestada na natureza que proporciona as provas afirmativas prometidas por mim no tocante à maneira pela qual a Providência suprime com o tempo os males que afligem os seres humanos. São provas de fato. Não podem ser recusadas sem se incorrer em absurdo. Bem sei que houve homens que, estudando a natureza em seu gabinete, e considerando suas operações tão só através do prisma extremamente estreito de suas ideias, negaram que algo fosse perfectível e sustentaram que o universo era imóvel porque não o viam mover-se. Mas não existe hoje um verdadeiro observador, um naturalista cujos conhecimentos estejam fundados na natureza que não invalide a decisão desses pretensos sábios e que não coloque a perfectibilidade na categoria das verdades mais rigorosamente demonstradas.

Não citarei os antigos sobre um objeto em que sua autoridade seria recusável. Limitar-me-ei mesmo, a fim de evitar a prolixidade, a um pequeno número de passagens impressionantes presentes entre os modernos. Leibniz, que devia menos do que qualquer outro admitir a perfectibilidade por haver fundado seu sistema na existência do melhor dos mundos possíveis, reconheceu-a, entretanto, na natureza ao afirmar que todas as transformações que nela se operam são a consequência umas das outras; que nela tudo tende para o seu aperfeiçoamento, e que assim o presente já tem o futuro em gestação.[418] Buffon, inclinando-se fortemente para o sistema atomista, devia também a ela opor-se vigorosamente e, contudo, não pôde impedir-se de ver que a natureza em geral tende muito mais para a vida do que para a morte e que parece que ela procura organizar os corpos tanto quanto lhe é possível. A escola de Kant impulsionou o sistema da perfectibilidade tão longe quanto podia ele ir. Schelling, o mais consequente dos discípulos desse homem célebre, seguiu o desenvolvimento da natureza com um vigor de pensamento que talvez haja ultrapassado a meta. Para começar, ousou dizer que a natureza é uma espécie de Divindade em germe que tende para a apoteose e se prepara para a existência de Deus através do reinado do Caos e através daquele da Providência.[419] Mas essas não passam de opiniões especulativas. Eis abaixo opiniões fundadas nos fatos.

A partir do momento que se lança um olhar observador sobre a Terra, dizem os naturalistas, percebem-se traços impressionantes das revoluções por ela experimentadas em tempos anteriores.[420] "Os continentes nem sempre foram o que são hoje, as águas do globo nem sempre foram distribuídas do mesmo modo. O oceano altera gradativamente seu leito, solapa as terras, as desmembra, as invade e deixa outras terras a seco. As ilhas nem sempre foram ilhas. Os continentes foram povoados de seres vivos e vegetais, antes da disposição atual dos mares sobre o globo."[421] Essas observações confirmam o que Pitágoras e os anti-

---

418. Citado por Dégérando, *Hist. comp. des Systèmes de Philos.*, t. II, p. 100.
419. *System des transzendentales Idealismus*, p. 441. *Zeitschrift für die spekulative Physik.*
420. Buffon, *Théorie de la Terre*. Lineu, *de Telluris habitab. Increment.* Burnet, *Archæologie* etc.
421. *Nouv. Dict. d'Hist. nat.*, art. *Quadrupède* (Quadrúpede).

gos sábios haviam ensinado sobre isso.[422] "Ademais, continuam esses mesmos naturalistas, a maioria dos ossos fósseis que se pôde juntar e comparar são os de animais diferentes de todas as espécies atualmente conhecidas. O reino da vida então mudou? Não podemos nos recusar a crer nisso."[423] Como a natureza marcha incessantemente do simples para o composto, é provável que os animais mais imperfeitos terão sido criados antes das tribos de posição mais elevada na escala da vida. Parece mesmo que cada uma das classes dos animais indica uma espécie de suspensão no poder criador, uma interrupção, uma época de repouso durante a qual a natureza preparava em silêncio os germes da vida que deviam eclodir na sucessão dos séculos. Poder-se-ia assim enumerar as épocas da natureza viva, épocas recuadas na noite dos tempos e que deveram preceder à formação do gênero humano. É possível que tenha existido um tempo em que o inseto, o molusco dotado de concha e o réptil imundo não reconheciam nenhum senhor no universo e se achavam situados na posição superior dos corpos organizados.[424] "É certo, acrescentam esses observadores, que os seres mais perfeitos saem dos menos perfeitos e que tiveram que se aperfeiçoar na sucessão das gerações. Todos os animais tendem para o ser humano; todos os vegetais aspiram à animalidade; os minerais procuram se aproximar do vegetal...". "É evidente que tendo a natureza criado uma série de plantas e de animais e tendo se detido no ser humano, que forma a sua extremidade superior, reuniu nele todas as faculdades vitais que distribuíra entre as raças inferiores."[425]

Essas ideias tinham sido as de Leibniz. Esse homem célebre dissera: "Os seres humanos provêm dos animais, estes das plantas e estas dos fósseis. É necessário que todas as ordens naturais formem uma única cadeia na qual as diferentes classes se ligam estreitamente como se fossem os elos dela".[426] Muitos filósofos adotavam tais ideias,[427]

---

422. Ovídio, *Metamorfoses*, L. XV.
423. *Nouv. Dict. d'Hist. nat.*, art. *Quadrupède* (Quadrúpede).
424. Ibid., art. *Animal* (Animal).
425. Ibid., art. *Nature* (Natureza).
426. Carta a Hermann.
427. Charles Bonnet, *Contempl. de la Nature*, p. 16. Lecat, *Traité du Mouvement musculaire*, p. 54, art. III. Robinet, *De la Nature*, t. IV, p. 17 etc.

mas nenhum as exprimiu mais consequente e energicamente do que o autor do artigo Nature* no *Nouveau Dictionnaire d'Histoire naturelle*. "Todos os animais, todas as plantas, diz ele, são tão só modificações de um animal, de um vegetal originário... O ser humano é o vínculo que une a Divindade à matéria, que liga o céu e a Terra. Esse raio de sabedoria e de inteligência que brilha em seus pensamentos reflete-se em toda a natureza. Ele é a cadeia de comunicação entre todos os seres." Toda a série dos animais, acrescenta ele em outra passagem, limita-se a apresentar a longa degradação da natureza própria do ser humano. O macaco, considerado seja na sua forma exterior, seja na sua organização interior, parece apenas um ser humano degradado; e a mesma nuança de degradação é observada ao se passar dos macacos aos quadrúpedes, de modo que a trama primitiva da organização é em todos reconhecida, sendo nela idênticos as principais vísceras e os principais membros."[428]

"Quem sabe, exclama ainda em outra parte o mesmo escritor, quem sabe se na eterna noite dos tempos o cetro do mundo não passará das mãos do ser humano para as de um ser mais perfeito e mais digno de empunhá-lo? Talvez a raça negra, hoje secundária na espécie humana, já tenha sido outrora a rainha da Terra antes que fosse criada a raça branca... Se a natureza concedeu sucessivamente o império às espécies que criava cada vez mais perfeitas, por que se deteria ela hoje... O negro, outrora rei dos animais, caiu sob o jugo do europeu; este curvará a cabeça, por sua vez, diante de uma raça mais poderosa e mais inteligente quando for desígnio da natureza ordenar sua existência? Onde sua criação se deterá? Quem estabelecerá os limites de seu poder? Ela diz respeito exclusivamente a Deus e é sua mão onipotente que a governa."[429]

Essas passagens impressionantes e que mereciam ser mais conhecidas, repletas de ideias vigorosas e que parecem novas, contêm apenas uma modesta parte das coisas ensinadas nos mistérios antigos, como talvez mais tarde eu o mostrarei.

---

*. Natureza. (N.T.)
428. *Nouv. Dict.*, art. *Quadrupède* (Quadrúpede).
429. Ibid., art. *Animal* (Animal).

[36]
...Tu que a penetraste,
Homem sábio, homem feliz, respira no porto.
Mas observa minhas leis abstendo-te das coisas
Que tua alma deve temer distinguindo-as bem;
Deixando sobre o corpo reinar a inteligência:

Lísis, falando sempre em nome de Pitágoras, dirige-se àquele entre os discípulos desse teósofo que alcançou o último grau da perfeição, ou a autópsia* e o felicita por sua felicidade. Eu disse o suficiente no decurso destas análises sobre o que era necessário entender por esse último grau para me dispensar de voltar a isso aqui. Não me deterei tampouco acerca do que diz respeito ao ensinamento simbólico de Pitágoras, as fórmulas e leis dietéticas que ele concedia aos seus discípulos e as abstinências que lhes prescrevia, minha intenção sendo a de dar à parte, no tocante a isso, uma explicação particular para não alongar mais este volume. Sabe-se o suficiente que todos os homens ilustres que existiram, tanto entre os antigos como entre os modernos, todos os sábios recomendáveis por seus trabalhos ou suas luzes, concordaram em considerar os preceitos de Pitágoras como simbólicos, isto é, como encerrando figurativamente um sentido muito diferente daquele que pareciam oferecer no sentido próprio e primordial.[430] Era o costume dos sacerdotes egípcios, fonte da qual os haviam haurido,[431] ocultar suas doutrinas sob a superfície de parábolas e de alegorias.[432] O mundo era aos seus olhos um grande enigma cujos mistérios revestidos de um estilo igualmente enigmático jamais deviam ser abertamente divulgados.[433] Esses sacerdotes possuíam três tipos de caracteres e três maneiras de

---

*. Ver nota do tradutor na p. 140. (N.T.)
430. Cícero, *De Finib.*, L. V, c. 5. Aulo Gélio, L. XX, c. 5. Clemente de Alexandria, *Strom.*, L. V. Hiérocles, *Aurea carm.*, v. 68. Lil. Gregor. Gyrald. *Pythag. Symbol. Interpret.*, Dacier. *Vie de Pythag.* Barthelemi, *Voyage du jeune Arnach*, t. VI, cap. 75 etc.
431. Jâmblico, *Vita Pythag.*, c. 29, 34 e 35.
432. Porfírio, *apud* Eusébio, *Præp. Evan.*, L. III, c. 7. Ibid. *De Abstinent.*, L. IV, p. 308. Jâmblico, *De Myst. Egypt.*, c. 37.
433. Clemente de Alexandria, *Strom.*, L. V, p. 556.

exprimir e descrever seus pensamentos. A primeira maneira de escrever e de falar era clara e simples; a segunda, figurada; e a terceira, simbólica. Serviam-se, na primeira, de caracteres usados por todas as pessoas e tomavam as palavras em seu sentido próprio; na segunda, empregavam caracteres hieroglíficos e tomavam as palavras num sentido sutil e metafórico; enfim, na última, faziam uso de frases de duplo sentido, de fábulas históricas, astronômicas, ou de simples alegorias.[434] A obra-prima da arte sacerdotal consistia em combinar essas três maneiras e encerrar, sob a aparência de um estilo simples e claro, o sentido vulgar, o figurado e o simbólico. Pitágoras buscou esse tipo de perfeição nos seus preceitos e com frequência o atingiu. Mas aquele, entre todos os teósofos instruídos nos santuários de Tebas ou de Mênfis, que fez progredir maximamente essa arte maravilhosa é, sem dúvida, Moisés. A primeira parte de seu *Sefer*,\* chamada vulgarmente de Gênesis\*\* e que, segundo seu nome original se deveria chamar de *Bereshit*, é a obra mais admirável nesse gênero, a mais notável proeza que é possível a um homem conceber e executar. Esse livro, que contém toda a ciência dos antigos egípcios, está ainda por ser traduzido e só poderá sê-lo quando nos colocarmos em condição de entender a língua na qual ele foi originalmente composto.

---

434. Heródoto, L. II, par. 36. Clemente de Alexandria, *ut supra*. Dacier, *Vie de Pythag.*
\*. Ou seja, de seu livro. (N.T.)
\*\*. Latim: *Genesis*, do grego Γένεσις, que significa primordialmente origem, princípio e, por extensão, geração, criação, que é precisamente do que trata o primeiro Livro do Pentateuco (Πεντάτευχος – o conjunto dos cinco primeiros Livros da vulgarmente denominada Bíblia atribuídos a Moisés, ou seja, Gênesis: criação do universo, da Terra, do ser humano e de todos os animais). O hebraico בראשית (Bereshit) significa começo, princípio. É a primeira palavra de toda a Bíblia, ou melhor, da *Torá*, onde é contextualmente traduzida por "No princípio...". Cumpre lembrar que o que chamamos de Pentateuco é precisamente a תורה (Torá), a Lei de Moisés, composta dos seguintes cinco Livros: Bereshit בראשית [Gênesis]; Shemot שמות [Êxodo]; Vayikrá ויקרא [Levítico]; Bamidbar במדבר [Números]; Devarim דברים [Deuteronômio]. Os títulos em grego (da Versão dos Setenta), versão da qual provém a versão latina (Vulgata) não traduzem os títulos originais hebraicos, embora γένεσις signifique também *princípio*; Ἔξοδος significa saída (Shemot: nomes); Λευϊτικός significa do levita (Vayikrá significa a frase inicial ...E chamou); Ἀριθμοί significa números (Bamidbar significa ...no deserto...); Δευτερονόμιον significa segunda lei (Devarim: palavras). (N.T.)

[37]
Para que, elevando-te no éter radioso,
No seio dos imortais, tu mesmo sejas um deus.

Eis, diz Hiérocles ao findar seus comentários, a meta afortunada de todos os esforços: eis, segundo Platão, a esperança que inflama, que sustenta o ardor daquele que combate na trajetória da virtude: eis o prêmio inestimável que o aguarda.[435] Era o grande objeto dos mistérios e, por assim dizer, a grande obra da iniciação.[436] O iniciado, dizia Sófocles, é não somente feliz durante a vida, como também após sua morte pode resolutamente se prometer uma felicidade eterna.[437] Sua alma, purificada pela virtude, dizia Píndaro, alça vôo para essas regiões afortunadas onde uma eterna primavera reina.[438] Ela vai, dizia Sócrates, atraída pelo elemento celeste que com sua natureza entretém a maior afinidade, reunir-se aos deuses imortais, para com eles compartilhar de sua glória e de sua imortalidade.[439] Essa deificação era, segundo Pitágoras, obra do amor divino; estava reservada a quem havia obtido a verdade mediante suas faculdades intelectuais, a virtude mediante suas faculdades anímicas e a pureza mediante suas faculdades instintivas. Essa pureza, depois da queda de seu despojo material, brilhava e se fazia reconhecer na forma do corpo luminoso que a alma conferira a si durante sua reclusão em seu corpo tenebro-

---

435. Hiérocles, *Aurea carm.*, v. 70.
436. Proclo *in Tim.*, L. V, p. 330.
437. *Apud* Plutarco, *De Audiend. Poctis.*
438. Píndaro, *Olymp.* II. *Apud* Plutarco, *Consol. ad Apoll.*
439. Platão *in Fédon*. [A alusão do autor parece ser a 81a, ou seja, "Οὐκοῦν οὕτω μὲν ἔχουσα εἰς τὸ ὅμοιον αὐτῇ τὸ ἀειδὲς ἀπέρχεται, τὸ θεῖόν τε καὶ ἀθάνατον καὶ φρόνιμον, οἷ ἀφικομένῃ ὑπάρχει αὐτῇ εὐδαίμονι εἶναι, πλάνης καὶ ἀνοίας καὶ φόβων καὶ ἀγρίων ἐρώτων καὶ τῶν ἄλλων κακῶν τῶν ἀνθρωπείων ἀπηλλαγμένη, ὥσπερ δὲ λέγεται κατὰ τῶν μεμυημένων, ὡς ἀληθῶς τὸν λοιπὸν χρόνον μετὰ τῶν θεῶν διάγουσα. ..." – "...Assim, se nessa condição, parte para o que se assemelha a si mesma, para o invisível, para o divino, para o imortal e o sábio, onde tendo chegado começa a ser feliz, tendo se libertado do erro, da loucura, dos medos, das paixões violentas e dos outros males humanos, e como declaram os iniciados, vive verdadeiramente o tempo que lhe resta na companhia dos deuses. ...". (N.T.)]

so, pois, e eu apreendi ao findar estas análises, a única oportunidade que ainda se apresentou de dizê-lo: esse filósofo ensinava que a alma possui um corpo concedido segundo sua natureza boa ou má pelo trabalho interior de suas faculdades. Chamava-o de a tênue biga da alma* e dizia que o corpo mortal é tão só o seu invólucro grosseiro. "É, acrescentava, praticando a virtude, adotando a verdade, abstendo-se de toda coisa impura que é preciso cuidar da alma e de seu corpo luminoso."[440] Eis aí o verdadeiro objetivo das abstinências simbólicas por ele prescritas, como Lísis, ademais, o insinua com bastante clareza nos versos que são objeto de minha análise anterior, quando diz ser necessário abster-se das coisas que prejudicariam o desenvolvimento da alma e distinguir bem essas coisas.

De resto, acreditava Pitágoras que existem bens celestes proporcionais a cada grau de virtude e que há para as almas classes diferentes de acordo com o corpo luminoso de que estão revestidas. A felicidade suprema, segundo ele, pertence somente à alma que soube recuperar a si mesma mediante sua união íntima com a inteligência, e cuja essência, mudando de natureza, tornou-se inteiramente espiritual. É necessário que ela seja educada no conhecimento das verdades universais e que haja encontrado, tanto quanto estejam eles nela, o princípio e o fim de todas as coisas. Então, tendo alcançado esse elevado grau de perfeição, atraída para essa imutável região na qual o elemento etéreo não está mais submetido ao movimento descendente da geração, pode ela reunir-se, por seus conhecimentos, ao Todo universal e refletir em todo seu ser a luz inefável da qual o Ser dos seres, o próprio Deus, preenche incessantemente a imensidade.

---

\*.   ...*le char subtil de l'âme,...* . (N.T.)
440. Hiérocles, *Aurea carm.*, v. 68.

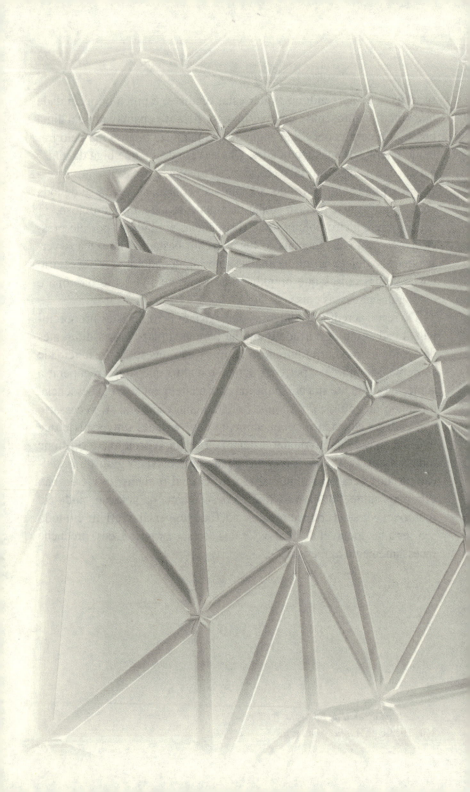

Este livro foi impresso pela Gráfica Rettec
em fonte Times New Roman sobre papel Papel Pólen Bold 70 g/m$^2$
para a Edipro.